紫华金融犯罪法律丛书

银行业务犯罪十二讲

钱列阳／主　编
邢丽丽／副主编

TWELVE LECTURES ON BANKING BUSINESS CRIME

法律出版社
LAW PRESS · CHINA
北京

图书在版编目(CIP)数据

银行业务犯罪十二讲 / 钱列阳主编;邢丽丽副主编
. -- 北京:法律出版社,2023(2023.9 重印)
ISBN 978-7-5197-8040-1

Ⅰ.①银… Ⅱ.①钱… ②邢… Ⅲ.①金融犯罪-研究-中国 Ⅳ.①D924.334

中国国家版本馆 CIP 数据核字(2023)第 110869 号

银行业务犯罪十二讲
YINHANG YEWU FANZUI SHIER JIANG

钱列阳 主编
邢丽丽 副主编

策划编辑 谢瑞忠
责任编辑 冯雨春 谢瑞忠
装帧设计 李 瞻

出版发行 法律出版社
编辑统筹 法律应用出版分社
责任校对 张 颖
责任印制 刘晓伟
经 销 新华书店

开本 710 毫米×1000 毫米 1/16
印张 16.75 **字数** 260 千
版本 2023 年 8 月第 1 版
印次 2023 年 9 月第 2 次印刷
印刷 北京建宏印刷有限公司

地址:北京市丰台区莲花池西里 7 号(100073)
网址:www.lawpress.com.cn
投稿邮箱:info@lawpress.com.cn
举报盗版邮箱:jbwq@lawpress.com.cn

销售电话:010-83938349
客服电话:010-83938350
咨询电话:010-63939796

书号:ISBN 978-7-5197-8040-1
定价:78.00 元

编委会简介

主编　钱列阳

北京紫华律师事务所创始人、主任，刑事辩护律师。

擅长领域：刑事辩护，侧重于金融犯罪的辩护和研究

现任

中国证券投资基金业协会第一届法律专业委员会委员

中国行为法学会司法分会副会长

北京市公安局法律专家咨询委员会委员

兼任

北京大学法学院法律硕士研究生兼职导师；

中国人民大学律师学院客座教授、兼职导师；

清华大学法学院法律硕士专业学位研究生联合导师；

上海交通大学凯原法学院证券犯罪研究中心副主任；

中华女子学院法律系荣誉教授；

中国人民公安大学客座教授；

清华大学法学院中国司法研究中心兼职研究员；

北京联合大学应用文理学院客座教授、硕士研究生导师；

北京大学法学院“列阳奖学金”捐赠人；

北京大学“北大法律人基金”捐赠人；

中国人民公安大学“紫华金融犯罪研究基金”捐赠人；

吉林大学研究生校外合作导师；

吉林大学法正刑事辩护研究中心研究员；

社会荣誉

2015年 荣获ALB“中国十五佳诉讼律师”等荣誉称号

2018年 荣获CCTV财经论坛“纪念改革开放四十周年 · 2018财经年度卓越人物奖”

2020年海淀司法局授予“2020年度优秀律师事务所主任”

2021年获得“第一届海淀区领军律师”荣誉

已出版的专著有

大律师之精彩刑辩系列之一《道与术》

《三思而行——钱律师与青年刑辩律师的交谈》

紫华金融犯罪法律丛书《证券期货犯罪十六讲》

《金融犯罪的辩护逻辑》

《市场滥用犯罪与刑事合规》

副主编　邢丽丽

山东德衡律师事务所副主任，高级合伙人，刑事业务中心执行总监，金融犯罪辩护部主任。青岛市优秀律师，青岛大学法学院校外兼职导师，青岛科技大学法学院兼职硕士生导师。

西南政法大学硕士，主攻刑事诉讼法专业，具有六年检察工作经验。执业十几年来专注于刑事辩护，尤其擅长金融犯罪、职务犯罪等疑难复杂案件辩护。曾办理多起银行业关注的金融犯罪案件。同时专注研究刑事风险防控，曾在全国多家银行及企业讲授金融刑事风险防控与刑事合规。

成 员

（按章节先后排序）

张宇喆

东北大学法学硕士，目前任职于某城商业银行，公司律师，企业合规师(高级)，十二年银行从业工作经验。专注于银行内控合规管理、法律事务、案件防控、不良贷款管理及风险管理等相关业务工作。在金融法律方面具有丰富的工作经验，富有较高的专业优势、业务管理能力。特别是通过金融风险化解工作中银行业务暴露的风险点，致力于研究银行工作人员刑事风险防控。

常 笑

北京紫华律师事务所执业律师，证券刑事业务部主任。中国台湾东吴大学刑法学硕士。具有证券从业资格、基金从业资格，高级企业合规师。

拥有丰富的银行、证券等金融领域犯罪辩护经验，曾参与多起银行的负责人涉嫌违法发放贷款等罪、企业负责人骗取贷款罪案件的辩护工作。

吴玉冰

北京紫华律师事务所执业律师。大连大学法学学士。2018年执业至今，专注于刑事辩护。曾参与办理数百起刑事案件，包括某公安局局长受贿案（孙小果系列案）、恒大某区域副总裁受贿案等多起具有重大社会影响的刑事案件。个人经历及文章被《法律与生活》杂志等多家媒体报道。

叶立明

北京浩天（上海）律师事务所高级合伙人，管委会成员。

上海财经大学法学院学士（国际经济法专业）；华东政法大学在职研究生（经济法专业）；上海财经大学工商管理硕士。

业务领域：涉金融与资本市场的争议解决|涉金融犯罪及商事犯罪刑事业务。社会兼职：中国民主建国会上海市委律师委员会副主任；上海市律师协会金融工具专业委员会委员；上海市证券、基金、期货业纠纷联合调解委员会特聘调解员；上海市浦东新区司法局“名优律师”法律援助服务专家组成员；上海交通大学凯源法学院兼职硕士生导师；上海交通大学凯源法学院证券犯罪研究中心、企业合规研究中心特聘研究员。

陈　莹

北京紫华律师事务所执业律师，银行刑事业务部主任。四川大学法律硕士。2004年执业，2011年联合了一批优秀的刑事辩护律师，组建了专业刑事辩护团队，主攻业务方向为：金融犯罪、职务犯罪辩护。社会职务：四川省律师协会第九届青年工作委员会副主任，四川省律师协会刑事辩护协会商事犯罪预防与辩护业务部副主任。

四川省律师协会2019年度“十佳优秀辩护词”获得者（金融犯罪案件辩护词）。

韩文莉

北京紫华律师事务所执业律师。中南财经政法大学刑法学硕士。具备证券从业资格、银行从业资格。现主要从事银行贷款及金融票证类犯罪的刑事辩护业务。目前已参与多起涉骗取贷款罪、贷款诈骗罪、票据诈骗罪等金融犯罪案件的辩护工作。此外还曾参与行贿、受贿等职务犯罪案件的刑事辩护。

杨思凡

北京紫华律师事务所执业律师，基金刑事业务部主任，北京紫华律师事务所党支部副书记。东南大学法学学士，中国人民大学法律硕士。具有证券从业资格、基金从业资格，高级企业合规师。长期从事金融领域犯罪案件辩护及企业刑事法律风险防控。专注于银行业务犯罪、诈骗类犯罪、证券犯罪案件辩护，曾参与多起涉嫌骗取贷款罪、违法发放贷款罪案件的辩护工作。

杨东昊

北京紫华律师事务所执业律师。中南财经政法大学法学学士，中南民族大学刑法学硕士。主要研究方向为互联网领域金融犯罪。具有证券从业资格、基金从业资格、全国计算机二级（Access数据库程序设计）资格证书等。

曾参与办理张某走私贵重金属、骗取出口退税案，申某涉嫌非法吸收公众存款案，罗某涉嫌非法吸收公众存款案，张某骗取贷款案等多起重大金融领域刑事案件的辩护工作。

金融犯罪是反映一个国家社会治理状况和社会现实的一面镜子。银行管理秩序是微观的市场经济秩序，无论是以银行为被害人的犯罪，还是以银行为工具的犯罪，都侵害了国家金融管理制度及公民、法人或其他非法人组织的财产权，进而危及金融安全和经济犯罪，其理应成为刑罚严厉处罚的对象。

值得关注的问题是，由于侵害银行的犯罪是典型的白领犯罪、高智商犯罪，对于行为性质的认定、构成要件的解释等，都可能存在很多争议，从而提出了很多亟待研究的难题。“春江水暖鸭先知”。钱列阳律师团队作为专业的金融犯罪辩护力量，作为站在一线的法律职业共同体成员，其结合时代特点和刑法规定，从辩护的视角出发，对金融犯罪做出独特理解，提供了准确认定和处理此类案件的思考进路，对于完善金融法治、强化监管，实现刑事司法的不枉不纵，均具有与重要意义。

本书值得广大银行业从业人员阅读，从而规范地从事金融活动，有所为有所不为，诚实为本，童叟无欺，愿天下无诈！本书也值得广大从事金融业务的律师阅读，更值得作为律师对手的控方（侦查人员、公诉人）以及居中裁判的法官阅读，让每一个案件都经得起历史和法律的检验，追求刑法谦抑，愿天下无冤。

周光权

清华大学法学院院长

教育部“长江学者”特聘教授

如果把金融比作现代经济的循环系统，那么银行业无疑是最核心的主动脉。作为金融体系主导力量，银行业由于其业务渗透范围宽广而深远，且在新技术的加持下结构日趋多元复杂，其与生俱来的风险也随着时代的发展呈现指数级增长。特别是近年来，疫情冲击和宏观经济结构调整的影响传导至金融行业，银行业首当其冲成为金融风险承压的主战场，2020 年包商银行的破产正是中国银行业结构性风险大幕开启的一个引子。防范和化解金融风险有许多措施，法制化无疑是最有效可靠的手段。

在《银行业务犯罪十二讲》这本书中，十一位金融刑事诉讼一线律师以自己深入承办的代表性案件为切入点，对银行金融法律红线之外的风险点位进行了深入浅出的剖析。特别是，书中将不同的法律控辩思路与金融机构内部运行规律深入结合，为银行业风险防范与化解的法治关口前移，提供了前瞻性的专业建议。这本书，不仅能够成为我国金融法律制度完善的绿灯指引，同时也是广大银行金融从业者的红灯警示，值得有志于从事金融犯罪研究的法律人深入研读。我们期待，在各界人士的共同努力下，中国银行金融业在市场化、国际化的前进道路上，能更周全地获得法治力量的高质量护航。

田　轩
清华大学五道口金融学院副院长
金融学讲席教授

规范要求并依法承担责任的证明文件，如规范的《评估报告》？还是不需要遵循形式要件，只需要所谓的《评估咨询意见》即可？如果不要求中介机构出具符合法定形式和实质要件的证明文件，不要求其因虚报评估价格而承担提供虚假证明文件的法律责任，那么风险评估的意义何在？要求中介机构审慎评估，进而保证评估结果客观性的意义何在？风险评估流于形式，是否为发放贷款的任意性和随意性提供了空间和可能？

《最高人民检察院、公安部关于公安机关管辖的刑事案件立案追诉标准的规定（二）》已经将骗取贷款罪的立案标准调整为“给银行或者其他金融机构造成直接经济损失数额在五十万元以上”。这一变化是否为贷款人在贷款过程中提供虚假材料变相打开了绿灯？贷款的担保足额，即便贷款人不归还贷款也不会给银行造成损失的情况下，“专款专用”的底线是否可能被变相突破？“贷款用途”一栏是否可以形同虚设？如果上级银行向下级银行介绍或推荐客户，下级银行是否可以理解为该笔贷款必须“特事特办”，对借款人还款能力的审查可以流于形式？无法还款的事实出现后，上、下级银行之间的“误解”和“过度解读”是否可以成为其互相推诿的理由？

票据流转过程中票据中介的“民间贴现”行为如何认定？“背书转让”与“票据贴现”的本质区别在哪里？转贴现中“过桥行”吃息差的行为是否违规或违法？

商业银行理财产品的发行过程中，银行内相关工作人员没有严格按照《商业银行理财业务监督管理办法》的规定对相关材料严格审查把关，出现玩忽职守、滥用职权行为的，应当如何追责？该行为是违规还是违法？这种“玩忽职守、滥用职权”行为出现的原因，是现行制度的疏漏还是刑事法律的空白？

作为刑事法律人，我们不能再局限在刑法领域内，坐等银行出现问题后进行“亡羊补牢”式的依法追责，而应深入银行等金融机构内部，在仔细研究金融机构内部运行规则和金融逻辑运行规律的基础上，用《刑法》的标准衡量并发现问题。这或许是我们刑事法律人必须面对的问题和应该努力的方向。

紫华律师事务所继《证券期货犯罪十六讲》后，推出系列丛书之二——

自　序

根据“木桶理论”，一个木桶的储水量是由木桶的短板决定的，但比决定水量的短板更加重要的是这个木桶的底板，底板决定了水的有无。如果把中国经济比作一个木桶，基建、高铁显然是长板，芯片或许是短板，而金融则是底板。如果把金融比作一个木桶，那么证券、期货、保险、信托、基金等分别是长短各异的侧板，银行则是这个“金融木桶”的底板。当银行资金面临风险，储户的钱不能正常存取时，民生就难以得到保障，社会稳定更无从谈起，此所谓“天下顺治在民富”。2022年5月，某某农商银行“爆雷”，储户存款无法正常提取，进而出现了“挤兑”风波。这一事件让我们深切感受到，银行这块“金融基石”对社会稳定、人民安宁的重要意义。

银行存款中，中、小储户人数众多，资金规模却很小。这些中、小储户存款的资金总量，可能还不敌一些金融大亨随意一笔投资的数额。但正是这些在金融大亨眼中不值一提的“小钱”，关系着千家万户的一日三餐。

所以，银行犯罪不仅关系到银行的资金安全，更关系到国家经济的发展、社会信用体系的建立、百姓的安居乐业。因此，银行犯罪是现阶段摆在刑事法律人面前亟待研究解决的大问题，是需要广大刑事法律人主动深入金融领域去探究的跨学科课题。从传统犯罪的角度来看，银行领域的犯罪涉及较多的是银行行长受贿后的违法放贷行为，本质上依然是职务类、贪污类犯罪，侵害的法益是银行干部的职务廉洁性。长期以来，银行系统自身运行管理中可能存在的刑事犯罪问题，此前并没有引起刑事法律人足够的重视。

如违法放贷案件中贷款人在评估贷款风险的过程中，一般需要对借款人提供的担保物（如土地）进行价格评估。该评估是否需要中介机构出具符合

《银行业务犯罪十二讲》，就是希望为有志于从事金融犯罪研究的职业刑法人，包括法官、检察官、警官、律师、学者等，提供一个研究的切入口，使得我们刑法人能够主动深入金融领域，特别是本书所指向的银行领域。通过对金融领域及金融案件的研究，最终推动制度完善，起到打击犯罪、保障无辜公民的作用，达到防患于未然的效果。这是我们法律人为国家经济发展保驾护航的责任所在。

本书由紫华律师事务所的律师及若干有志于研究金融犯罪的外所律师共同完成，是大家齐心协力的成果，也是初试牛刀的尝试。书中的许多观点可能不严谨、不周密，甚至存在错误，敬请广大读者海涵，并及时提出批评、修改意见。本书的最终目的是抛砖引玉，相信将来会有一大批年轻有为的刑事法律人走上金融犯罪的研究之路，推出更高质量的研究成果，参与办理更有难度的案件，为国家金融体制的不断完善作出贡献。

北京紫华律师事务所　钱列阳

2023 年 8 月于北京

目　录 CONTENTS

·第一讲　违法发放贷款罪·

·第二讲　骗取贷款罪·

·第三讲　背信运用受托财产罪·

·第四讲　非法吸收公众存款罪·

具有相关资质的资产评估机构依照国家有关规定进行资产评估"[①]，那么就可以理解为商业银行为了逐利，通过"制度敞口"给其自有资金设置了一定限度的风险敞口。在此情形下，要求某一主体对商业银行因这一被允许的"风险敞口"造成的损失承担刑事责任，显然既不合常理也不合法理。但是，我们通过检索判例发现，在对"严格审查义务"层层嵌套的解释方法下，大量的银行人却因此陷入刑事法律风险，并承担刑事法律责任。

因此，在当前的规范框架下，虽然已经有部分银行人发现了该"制度敞口"给自己带来的各项法律风险，并通过勤勉尽责加以防范，但仍有部分主体抱持侥幸心理，利用规则漏洞，谋取个人利益，给银行资产和金融秩序造成重大威胁。近年来，"挤兑"频发，更有商业银行，尤其是中小银行、村镇银行破产，扰乱金融秩序甚至是社会秩序。"侥幸心理"在其中扮演了什么角色，又该如何承担责任呢？这是一个值得深思的问题。

▷ 相关法律法规 ◁

➢ **《刑法》**（2020 年修正，2021 年 3 月 1 日施行）

第九十六条 【违反国家规定之含义】本法所称违反国家规定，是指违反全国人民代表大会及其常务委员会制定的法律和决定，国务院制定的行政法规、规定的行政措施、发布的决定和命令。

第一百八十六条 【违法发放贷款罪】银行或者其他金融机构的工作人员违反国家规定发放贷款，数额巨大或者造成重大损失的，处五年以下有期徒刑或者拘役，并处一万元以上十万元以下罚金；数额特别巨大或者造成特

① 由于对国有资产的监管程度较高，风险敞口较小，国资委、财政部明确规定，国有产权在转让过程中的价格确定环节要依据有资质的资产评估机构出具的符合规定的资产评估报告，并经核准或备案。2004 年《企业国有产权转让管理暂行办法》第 13 条第 1 款即明确规定："在清产核资和审计的基础上，转让方应当委托具有相关资质的资产评估机构依照国家有关规定进行资产评估。评估报告经核准或者备案后，作为确定企业国有产权转让价格的参考依据。"在此规定下，若在国有产权转让的过程中并未依据"评估报告"，而以"咨询报告"代之，则可能被认定为没有实施评估，转让行为无效。见湖南正清制药集团股份有限公司、怀化大地控股有限公司、怀化山地经营有限公司与成都盈华成投资管理有限责任公司、怀化市国有资产监督管理委员会股权转让纠纷案，案号：（2009）怀中民二初字第 6 号。

别重大损失的，处五年以上有期徒刑，并处二万元以上二十万元以下罚金。

银行或者其他金融机构的工作人员违反国家规定，向关系人发放贷款的，依照前款的规定从重处罚。

单位犯前两款罪的，对单位判处罚金，并对其直接负责的主管人员和其他直接责任人员，依照前两款的规定处罚。

关系人的范围，依照《中华人民共和国商业银行法》和有关金融法规确定。

第二百二十九条 【提供虚假证明文件罪】承担资产评估、验资、验证、会计、审计、法律服务、保荐、安全评价、环境影响评价、环境监测等职责的中介组织的人员故意提供虚假证明文件，情节严重的，处五年以下有期徒刑或者拘役，并处罚金。前款规定的人员，索取他人财物或者非法收受他人财物，犯前款罪的，处五年以上十年以下有期徒刑，并处罚金。第一款规定的人员，严重不负责任，出具的证明文件有重大失实，造成严重后果的，处三年以下有期徒刑或者拘役，并处或者单处罚金。

➤ **《商业银行法》**（2015 年修正，2015 年 10 月 1 日施行）

第三十六条 商业银行贷款，借款人应当提供担保。商业银行应当对保证人的偿还能力，抵押物、质物的权属和价值以及实现抵押权、质权的可行性进行严格审查。

经商业银行审查、评估，确认借款人资信良好，确能偿还贷款的，可以不提供担保。

尽到《商业银行法》规定的“严格审查义务”。这一方面是因为对《刑法》原则及概念理解不一致造成的，另一方面也是因为《商业银行法》以及国务院为保障金融秩序所规定的措施、决定和命令等规定通常较为原则，如什么是“严格审查”，审查到什么程度，审查的程序是什么，只能从规章甚至规范性文件中找依据。

银行或者其他金融机构为了提高自身经营效益，以《商业银行法》等法律以及监管规定为依据制定一系列详细的管理制度。这些制度一方面无法律或者国务院法规、命令的授权，另一方面有可能增加从业人员的义务，往往较国家规定更为严格，即“法定标准”与实践标准存在差异，因而此类制度不应当成为判断银行业金融机构贷款工作人员是否违反国家规定的标准。如果违反内部规定即认定为犯罪，是不符合《刑法》的罪刑法定以及谦抑性原则，更会导致公司自治和刑事处罚之间的混乱。金融信贷业务本身自带风险，如果不对银行信贷人员违反信贷管理制度的严重程度进行合理甄别，并为银行工作人员保留必要的司法责任豁免空间，将会导致刑事打击手段失之于严，不利于银行经营的活力以及金融秩序的长治久安。

（二）本案中，银监会和B银行都认为李某没有违规，法院认为李某未严格审查的依据何在？

本案中，B银行向法院出具了两份《情况说明》，一份是该笔贷款的审查情况经银监会调查证实李某无违规之处：李某依规审查了贷款资料，抵押人也配合办理了抵押物抵押登记手续。抵押人宋某向银保监会举报，该局就李某经办刘某贷款情况进行调查，调查结论是未违反内部管理规定和监管要求。

第二份是B银行出具的关于该笔贷款的调查和发放，李某都是按照银行的流程进行的，无违反规定之处：

（1）关于审计报告。基于审计业务的专业性以及国家法律对审计事务制订的专门的行业管理规定，B银行管理办法未强制性要求实地到为借款人提供审计报告的事务所进行实地及电话核查，且银行工作人员无公安机关调查手段，无法对所有为借款人提供审计报告的会计师事务所进行实地考察。并且，李某到企业经营场所查验了其电子账套及记账凭证，账套数据与财报数据相符；查验了其纳税系统，纳税申报收入与报表数据基本相符；收集了公司银行流水证明，流水企业进款收入与报表收入相符；公司于2009年在B银行开展业务，2009—2011年度报表数据已录入B银行信贷系统，通过对2012年与2011年度报表数据的相符性及逻辑一致性进行判断，报表数据变化不大，属合理范围。因此，李某已按照管理办法对审计报告的真实性作出应有调查，已按要求履行其岗位职责。

（2）关于购销合同。B银行未强制性要求需到借款人提供的采购合同的交易对手处进行实地调查及电话核实。李某已根据管理办法要求，到借款人企业经营场所查验其上下游交易合同及发票，合同均有交易双方企业盖章，发票真实。因B银行工作人员无公安机关调查手段，仅能按照B银行管理办法规定通过查询公开信息及借款人企业提供的发票合同、银行流水、企业账目等手段来比对、判断交易的真实性。且借款人贷款前签署B银行《个人经营借款（额度）申请表》，表中由借款人刘某明确声明“本人自愿向贷款经办行提出借款申请，保证向贵行提供的所有材料都是真实的，并愿意承担相应的法律责任”。截至2021年10月20日，B银行对同类贷款的调查指引性要求未发生变化，审核流程、标准、工作要求相同。李某均已按照管理办法对交易合同真实性作出应有调查，已按要求履行其岗位职责，未见明显失职行为。

与此情节类似的有邹某某案【（2019）辽06刑终65号】，该案中上诉人邹某某也提交了银行出具的《关于我行员工涉嫌违法发放贷款一案的情况说明》。该情况说明载明：上诉人邹某某对质押物、票据、财务资料及其他项目的审核符合银行规定，在发放贷款中严格履行了相关职责，截至2016年6月20日，该行对同类贷款的审核流程、标准、工作要求均是如此。根据银行规定，借款人恒大公司属于提供未经审计的财务报表的小型企业，对此类企业财务报表的真实性，无须专业审计，而是由银行工作人员进行书面审查，并进行实地调查。

同时，邹某某在贷前调查时采取了如下措施：（1）关于质押物数量的核实和监管。银行委托了专业的监管机构中国外运丹东公司对质押物数量进行核实和监管，银行（甲方）、恒大公司（乙方）、监管机构（丙方）签订了

《商品融资质押监管协议》。根据协议约定，在该行发放贷款前，监管机构对抵押物的数量进行清点，认为达到了贷款要求，并向该行出具《质押物清单》，该行依据监管公司的批复，结合省、市行授信审批书，依程序发放并按期收回了5笔贷款，不存在违法放贷。（2）关于对企业所提交财务资料真实性的审核。邹某某根据银行规定，多次到公司进行实地调查，了解生产情况。后来公安机关认为该企业伪造了财务资料，该企业其实处于亏损状态。但银行并无文件规定禁止放款给亏损企业，即使企业伪造资料，也是企业个人行为，银行人员并不知晓。

最终，法院认为邹某某作为银行工作人员，在向恒大公司发放贷款的过程中，虽然存在一定瑕疵，但该瑕疵是银行工作流程、制度设计存在缺陷所导致，故邹某某的行为本身不具有刑事违法性；而邹某某主观上亦没有违法发放贷款的故意，故邹某某的行为不符合违法发放贷款罪的构成要件。

回到本案中，法院认为，虽然B银行内部的管理办法未强制性要求银行工作人员到出具审计报告的会计师事务所和购销合同交易方进行实地调查和电话核实，但李某作为具体办理贷款业务的银行工作人员，没有实地调查相关合同的真实性、公司实际经营场地及经营状况等情况即发放贷款，即违反了国家法律规定的严格审查义务，应当承担刑事责任。本案与邹某某案的本质区别其实就在于是否进行了实地调查，由于很多真实情况只有到了现场才能作出判断，目前司法实践中法院大多认为，即使银行内部的管理规范没有作要求，也应当进行实地调查。如果没有实地调查，仅仅依据书面材料进行审查，很难认定为尽职尽责。

（三）调查人员李某和审查人员张某应当进行形式审查还是实质审查？

《商业银行法》第35条规定了贷款人对借款人的严格审查义务，“商业银行贷款，应当对借款人的借款用途、偿还能力、还款方式等情况进行严格审查”，但具体是形式审查还是实质审查，未作明确的规定。但是《商业银行法》第35条规定：“商业银行贷款，应当实行审贷分离、分级审批的制度。”《贷款通则》第40条规定：“建立审贷分离制：贷款调查评估人员负责贷款调查评估，承担调查失误和评估失准的责任；贷款审查人员负责贷款风险的审查，承担审查失误的责任；贷款发放人员负责贷款的检查和清收，承担检查失误，清收不力的责任。”《山东省高级人民法院刑事审判第一庭、山东省人民检察院第四检察部、山东省公安厅经济犯罪侦查总队关于办理骗取贷款犯罪案件相关问题的参考》规定：“司法实践中，应根据银行审贷分离的工作要求，认真审查调查岗、审查岗、审批岗等银行工作人员的责任。经审查，相关人员确实依照有关规定履行调查审查义务，尽到相关职责的，不宜追究刑事责任。”从上述规定可以看出，贷款调查评估人员、审查人员、发放人员在贷款审批过程中审查的内容和标准并不相同，相应地也具有不同的义务和责任。

笔者认为，鉴于银行贷款审批制度具有明确的权限划分，直接不加区分地讨论实质审查还是形式审查不具有可取性，应当依据调查人员、审查人员以及发放人员不同的角色权限来判断是否尽到严格审查义务。

1. 李某作为银行调查人员应当进行实质审查

《贷款通则》第27条规定：“贷款调查：贷款人受理借款人申请后，应当对借款人的信用等级以及借款的合法性、安全性、盈利性等情况进行调查，核实抵押物、质物、保证人情况，测定贷款的风险度。”第40条规定：“建立审贷分离制：贷款调查评估人员负责贷款调查评估，承担调查失误和评估失准的责任……”贷款调查环节主要由银行调查人员（可能涉及多人，主调查人、调查复核人以及经营主责任人）收集借款人、担保人关于贷款和担保的相关信息资料，并在调查的基础上撰写调查报告，其对贷款资料的真实性、完整性和有效性负责。作为贷款发放审批程序的第一步，贷款调查是否进行了有效的实地调查、是否如实撰写调查报告、是否认真评估了贷款存在的风险，极大程度上影响着后续审查和审批流程。如果银行调查人员对涉及借款用途、偿还能力、还款方式以及担保人偿还能力的相关信息未开展实质性的调查，仅通过形式审查很可能发现不了贷款存在的风险，无法最大程度地保证借款的合法性、安全性、盈利性以及担保真实性等，因此调查人员的审批要求和标准与后续的审查人员相比应当更加严格。

另外，银监会在具体的贷款管理办法中也都要求贷款人采取各种调查方式对借款人的基本情况、经营情况、借款用途、还款能力、担保抵押等进行核实，要求贷款人保证调查结果的真实性、完整性、有效性，比如《个人贷款管理暂行办法》第 15 条规定："贷款调查应以实地调查为主、间接调查为辅，采取现场核实、电话查问以及信息咨询等途径和方法。"《固定资产贷款管理暂行办法》第 11 条第 2 款规定："尽职调查人员应当确保尽职调查报告内容的真实性、完整性和有效性。"《流动资金贷款管理暂行办法》第 13 条规定："贷款人应采取现场与非现场相结合的形式履行尽职调查，形成书面报告，并对其内容的真实性、完整性和有效性负责……"这也从侧面说明了银行调查人员应当对借款人的情况进行实质调查。

因此，本案中，李某作为贷款的具体经办人员，属于直接的调查人员，应当对刘某所提交的贷款材料进行实质审查，通过各种调查方式核实材料的真实性，李某也确实采用了 B 银行所规定的调查方式进行了实质调查，至于在符合规定的情况下仍然没有避免被骗取贷款的风险，则不应当将责任归咎于李某。

2. 张某作为审查人员仅尽形式审查义务

《贷款通则》第 28 条规定："……审查人员应当对调查人员提供的资料进行核实、评定，复测贷款风险度，提出意见，按规定权限报批。"第 40 条规定："……贷款审查人员负责贷款风险的审查，承担审查失误的责任……"。其实从上述条文中我们可以看出，审查人员是对调查人员提供的资料进行书面审查，并未要求对借款人的情况再次进行调查，这里审查人员最主要的作用是根据调查人员提供的材料从风险控制的角度对借款人和业务进行全面审查，分析主要风险点，基于当前申请对业务处理方案的合规性、合理性、完备性，以及风险判断的准确性、风险管理要求的有效性负责。

本案中，张某根据工作规定在信贷管理中承担审查人职责，对贷款资料承担审查义务，在审查刘某申请贷款的资料时，未发现两份合同上所盖的印章有细微差别，未能尽到注意义务。但是，本案发生的主要原因是调查环节没有发现贷款材料有虚假问题，调查人员应当对合同的真实性负责，审查人员只承担审查失误的责任，张某作为审查人只是以书面审查为主，在违法发放贷款中承担责任较小，根据《刑法》的谦抑性原则和"少捕慎诉"的司法理念，张某的情节不应作为犯罪处理。

(四) 银行工作人员如何实现尽职免责?

目前的司法实践中法院一般会根据《商业银行法》规定的严格审查义务来认定银行工作人员构成犯罪，但是具体为什么不符合“严格审查”却没有明确的、一致的标准，通过分析各级法院公开的裁判文书，我们发现在裁判文书中法院认定违反严格审查义务的法律依据多数是《贷款通则》、银监会的规范文件，甚至是银行的内部管理规范，虽然在理论上这种做法争议很大，但是基于目前法律体系的不完善，实践中难免存在混乱的情况。由于银行的内部管理规定非常细致、具体，对银行从业人员提出了比法律更加严格的审查标准，因此法院基于此来认定严格审查就对从业人员非常不利，导致实践中很少有以“已尽到严格审查义务”辩护成功的案例，因此我们建议银行工作人员在办理贷款业务时以最严格的标准要求自己，从而才能避免陷入刑事风险。

我们结合司法实践，总结出为避免被认定为违反严格审查义务，银行工作人员在办理业务时应当做到以下几点。

(1) 对交易背景、还款来源、还款能力及贷款用途等依法、依规进行实际调查。其中包括借款单位的生产经营情况、行业经验、过往贸易记录等，买卖双方之间的真实贸易往来情况，还包括借款单位的股东会决议、资产负债表、利润表等及担保单位的股东会决议等资料，都需要依据银行的内部工作规范进行严格审查。在对借款人身份条件进行严格审查时，如果出现借款人和实际用款人不一致的情况，不予发放贷款。

(2) 实地到借款单位调查后再出具相关调查报告。如果借款单位在向银行申请借款时已处于停产状态，用款企业提供的授信及贷款所需财务报表、购销合同等资料都是虚假的，客户经理通过现场与非现场相结合的形式履行尽职调查，才能查清虚假材料，而只收集用款企业的书面资料是无法核实贷款资料的真实性和用款企业真实经营情况的。实践中还有一些案例，比如交易双方的办公地址在同一个写字楼，两家公司财务人员均在同一楼层办公，两家公司是关联企业的表象是非常明显的，但由于客户经理没有实地调查，未能发现交易双方是关联企业的事实。

(3) 认真审查贷款企业提供的审计报告真实性。根据《商业银行法》等相关规定，银行工作人员应在办理相关信贷业务过程中，认真、细致、全面、深入地审查客户提供的财务资料及审计报告，另外对授信发放的贷款同样具有审查义务，已经授信的贷款也不能免除审查审计报告真实性的义务。由于审计报告具有专业性，其中数据造假、银行造假、签字造假等情况很难用肉眼分辨出来，银行工作人员可以向出具报告的会计师事务所或者会计师核实其真实性和有效性。

（4）通过相关部门去核实贷款材料的真假，而不是仅凭肉眼判断。客户经理在贷款发放之前应当对客户提交的材料的真实情况进行调查核实，其中比如房产情况、抵押情况、信用情况等，可以开具介绍信直接去相关行政主管部门查询，也可以委托银行专人或统一上报总行查询。如果明知这些查询方式而不采用，仅凭肉眼判断，则说明银行工作人员并未尽到尽职尽责的义务。

（5）对担保人身份进行调查核实，在贷款人、担保人全部到场、贷款手续齐全、对担保人的担保能力进行了实质调查的情况下发放贷款。银行工作人员需要严格审查真实的抵押房产、土地、车辆权属、重复担保情况等资料，对担保人的担保能力、资信情况开展实质调查，在核实其存在真实的抵押担保时才可以发放贷款。

（6）应当对事实充分调查之后再出具授信调查报告。对借款公司所提交的相关贸易合同、财务数据等材料的真实性进行核对，不能仅以公司提交的虚假申贷材料为基础形成授信调查报告，要对借款人资产情况、运营情况、财务资料、股东变更情况进行严格核查，撰写与事实相符的授信报告。可以通过上门和财务人员进行面对面交流的方式核对，对借款单位的相关财务凭证、数据、账表等进行实地检查核对。在贷前对贸易合同的真实性做调查、贷款发放后做实质性的跟踪调查。贷前审查必须检查贸易合同的真实性，贷后亦必须检查贸易活动是否发生，资金是否挪作他用。银行工作人员贷前可以向交易公司电话核实，或者将现在的贸易合同与之前的贸易合同进行比对，如果仅仅以交易双方存在资金往来就武断认定贸易合同的真实性，则不能视为尽职，亦谈不上严格审查。

小结

违法发放贷款罪是近年来银行从业人员所涉的一个高发罪名，所涉客户经理大多和本案中李某的情况一样，一直认为是按照银行内部操作流程进行的调查，或者是其他客户经理针对此类业务都是这么调查的，所以自己也这么调查，而在此过程中对银行严格审查义务的标准并不清楚。因此，当被卷入违法发放贷款罪刑事立案时，自己并没有相应的证据能够证实自己是严格按照流程办理的。此外，违法发放贷款罪中司法实践层面关于违反“国家规定”的认定过于宽泛，导致众多银行从业人员即使严格按照银行内部规定审查了相应业务，也会被司法层面冠以“未尽严格审查职责”的帽子。审查贷款要予以规范化，但同时不能要求贷款审查的圣洁化，毫无瑕疵，否则银行工作人员承担的风险会被无限扩大，导致银行工作人员不愿贷、不敢贷，这也势必会对银行业的发展造成影响。银行工作人员增强风险意识，同时银行内部落实尽职免责制度，而司法层面要与之接轨，保障尽职免责的落地，才能真正提高信贷人员“敢贷、愿贷”的积极性。

▷ 相关法律法规 ◁

➤ **《刑法》**（2021 年修正，2021 年 3 月 1 日施行）

第一百八十六条 银行或者其他金融机构的工作人员违反国家规定发放贷款，数额巨大或者造成重大损失的，处五年以下有期徒刑或者拘役，并处一万元以上十万元以下罚金；数额特别巨大或者造成特别重大损失的，处五年以上有期徒刑，并处二万元以上二十万元以下罚金。银行或者其他金融机构的工作人员违反国家规定，向关系人发放贷款的，依照前款的规定从重处罚。单位犯前两款罪的，对单位判处罚金，并对其直接负责的主管人员和其他直接责任人员，依照前两款的规定处罚。关系人的范围，依照《中华人民共和国商业银行法》和有关金融法规确定。

第九十六条 本法所称违反国家规定，是指违反全国人民代表大会及其常务委员会制定的法律和决定，国务院制定的行政法规、规定的行政措施、发布的决定和命令。

➢ **《商业银行法》**（2015 年修正，2015 年 10 月 1 日施行）

第三十五条 商业银行贷款，应当对借款人的借款用途、偿还能力、还款方式等情况进行严格审查。商业银行贷款，应当实行审贷分离、分级审批的制度。

➢ **《金融违法行为处罚办法》**（1999 年 2 月 22 日施行）

第十六条 金融机构办理贷款业务，不得有下列行为：（一）向关系人发放信用贷款；（二）向关系人发放担保贷款的条件优于其他借款人同类贷款的条件；（三）违反规定提高或者降低利率以及采用其他不正当手段发放贷款；（四）违反中国人民银行规定的其他贷款行为。金融机构有前款所列行为之一的，给予警告，没收违法所得，并处违法所得 1 倍以上 5 倍以下的罚款，没有违法所得的，处 10 万元以上 50 万元以下的罚款；对该金融机构直接负责的高级管理人员、其他直接负责的主管人员和直接责任人员，给予撤职直至开除的纪律处分；情节严重的，责令该金融机构停业整顿或者吊销经营金融业务许可证；构成违法向关系人发放贷款罪、违法发放贷款罪或者其他罪的，依法追究刑事责任。

➢ **《个人贷款管理暂行办法》**（2010 年 2 月 12 日施行）

第十三条 贷款人受理借款人贷款申请后，应履行尽职调查职责，对个人贷款申请内容和相关情况的真实性、准确性、完整性进行调查核实，形成调查评价意见。

第十四条 贷款调查包括但不限于以下内容：（一）借款人基本情况；（二）借款人收入情况；（三）借款用途；（四）借款人还款来源、还款能力及还款方式；（五）保证人担保意愿、担保能力或抵（质）押物价值及变现能力。

第十五条 贷款调查应以实地调查为主、间接调查为辅，采取现场核实、电话查问以及信息咨询等途径和方法。

➢《固定资产贷款管理暂行办法》（2009 年 10 月 23 日施行）

第十一条第二款 尽职调查人员应当确保尽职调查报告内容的真实性、完整性和有效性。

➢《流动资金贷款管理暂行办法》（2010 年 2 月 12 日施行）

第十三条 贷款人应采取现场与非现场相结合的形式履行尽职调查，形成书面报告，并对其内容的真实性、完整性和有效性负责尽职调查包括但不限于以下内容：

（一）借款人的组织架构、公司治理、内部控制及法定代表人和经营管理团队的资信等情况；

（二）借款人的经营范围、核心主业、生产经营、贷款期内经营规划和重大投资计划等情况；

（三）借款人所在行业状况；

（四）借款人的应收账款、应付账款、存货等真实财务状况；

（五）借款人营运资金总需求和现有融资性负债情况；

（六）借款人关联方及关联交易等情况；

（七）贷款具体用途及与贷款用途相关的交易对手资金占用等情况；

（八）还款来源情况，包括生产经营产生的现金流、综合收益及其他合法收入等；

（九）对有担保的流动资金贷款，还需调查抵（质）押物的权属、价值和变现难易程度，或保证人的保证资格和能力等情况。

➢《最高人民检察院、公安部关于公安机关管辖的刑事案件立案追诉标准的规定（二）》（公通字〔2022〕12 号，2022 年 5 月 15 日施行）

第三十七条 银行或者其他金融机构及其工作人员违反国家规定发放贷款，涉嫌下列情形之一的，应予立案追诉：（一）违法发放贷款，数额在二百万元以上的；（二）违法发放贷款，造成直接经济损失数额在五十万元以上的。

➢ **《全国法院审理金融犯罪案件工作座谈会纪要》**（法〔2001〕8号，2001年1月21日施行）

关于违法发放贷款罪。银行或者其他金融机构工作人员违反法律、行政法规规定，向关系人以外的其他人发放贷款，造成50—100万元以上损失的，可以认定为“造成重大损失”；造成300—500万元以上损失的，可以认定为“造成特别重大损失”……由于各地经济发展不平衡，各省、自治区、直辖市高级人民法院可参照上述数额标准或幅度，根据本地的具体情况，确定在本地区掌握的具体标准。

➢ **《最高人民法院关于准确理解和适用刑法中“国家规定”的有关问题的通知》**（法发〔2011〕155号，2011年4月8日施行）

一、根据刑法第九十六的规定，刑法中的“国家规定”是指，全国人民代表大会及其常务委员会制定的法律和决定，国务院制定的行政法规、规定的行政措施、发布的决定和命令。其中，“国务院规定的行政措施”应当由国务院决定，通常以行政法规或者国务院制发文件的形式加以规定。以国务院办公厅名义制发的文件，符合以下条件的，亦应视为刑法中的“国家规定”：（1）有明确的法律依据或者同相关行政法规不相抵触；（2）经国务院常务会议讨论通过或者经国务院批准；（3）在国务院公报上公开发布。二、各级人民法院在刑事审判工作中，对有关案件所涉及的“违反国家规定”的认定，要依照相关法律、行政法规及司法解释的规定准确把握。对于规定不明确的，要按照本通知的要求审慎认定。对于违反地方性法规、部门规章的行为，不得认定为“违反国家规定”。对被告人的行为是否“违反国家规定”存在争议的，应当作为法律适用问题，逐级向最高人民法院请示。

案例 3

透过案例剖析商业银行的违法发放贷款罪

一、基本案情（从轻处罚）

案例一：

刘某3和赵某1（均已判刑）合伙经营辽阳市龙峰房地产开发有限公司，刘某3为公司法人代表。辽阳市龙峰房地产开发有限公司多次向辽阳市农村商业银行弓长岭支行贷款，多次以借新还旧的方式偿还到期贷款。

2014年11月，为了偿还到期贷款，刘某3、赵某1分别找到李某2、孙某、孔某、赵某2、兰某、张某2（均已不起诉）6人，虚构借款理由、签订虚假合同，以成立联合小组购买铁矿粉的名义进行贷款。身为辽阳市农村商业银行弓长岭支行信贷客户营销中心主任的赵某3（已判刑）、信贷客户营销中心信贷员的刘某4（已判刑）、业务发展部部长的被告人高某没有对上述人民币12,000,000元联保贷款进行贷前调查、审核贷款材料真实性，且在明知贷款发放后会被改变用途的情况下，共计发放贷款人民币12,000,000元。上述贷款逾期后，经多次催收未果。案发后，刘某3、赵某1用辽阳市龙峰房地产开发有限公司的住宅、车库及土地偿还辽阳市农村商业银行弓长岭支行的贷款，经评估市场价值为人民币15,347,949.21元，上述住宅、车库及土地均被公安机关扣押。

一审法院认为：被告人高某身为银行工作人员，违反国家规定发放贷款，数额巨大，其行为已构成犯罪，依法应予惩处。其违法发放的贷款实际未造成损失，且被告人高某在公诉机关签署了认罪认罚具结书，可依法从轻处罚。

的情形。依照上述标准，贷款列入呆账后，就成为了银行的实际损失，核销的呆账数额，就应当被认定为银行产生的损失，由银行总行按规定审批后，在依据资产的风险大小确定的比例所提取的呆账准备金中核销。

案例一中，高某身为银行工作人员，在明知改变贷款用途的前提下，违反国家规定发放贷款，数额巨大，其行为已构成犯罪，依法应予惩处。其违法发放的贷款实际未损失，且被告人高某在公诉机关签署了认罪认罚具结书，最终法院依法从轻处罚。

（三）如违法发放贷款行为符合相关部门印发的指导意见的出罪规定，该规定是否可界定为“国家规定”

1. 金融改革化险时代的违法发放贷款罪

案例二所处特殊的历史时期，多地域办案过程中发现涉案银行工作人员违法发放贷款犯罪高发。此类案件涉案人员多、犯罪链条长、社会影响面广、处理难度相对较大。在此复杂的历史背景下，相关部门印发指导意见，明显对违法发放贷款罪进行了相关扩大解释，即违反指导意见也是违反国家规定，笔者认为可根据特定历史时期的政策性规定对银行涉案人员进行出罪认定。那么，要想确定违法发放贷款罪中“国家规定”的边界，首先应梳理该罪的沿革发展。

2. 违法发放贷款罪的法律规定

违法发放贷款罪的现行规定是2006年6月29日颁布并实施的《刑法修正案（六）》修订后的，此次修订将“违反法律、行政法规规定”修改为“违反国家规定”，同时对犯罪构成作了修改，将违反国家规定发放贷款“造成较大损失、重大损失、特别重大损失”修改为“数额巨大或者造成重大损失、数额特别巨大或者造成特别重大损失”，将违法向关系人发放贷款的行为作为该罪的一个从重处罚情节。对于该罪的罪名，根据2007年11月6日实施的《最高人民法院、最高人民检察院关于执行〈中华人民共和国刑法〉确定罪名的补充规定（三）》（法释〔2007〕16号）的规定，取消了原“违法向关系人发放贷款罪”，仅保留“违法发放贷款罪”。

从这些法律规定的变化中我们可以看出，相比最开始1987年《最高人民检察院印发〈关于正确认定和处理玩忽职守罪若干意见（试行）〉的通知》中的规定，《刑法》第186条在犯罪构成的各个要素上发生了巨大的变化。

3. 违反“国家规定”的边界

违法发放贷款罪对行为所违反法律的范围经过三次大的修改，从将“违反金融法规和贷款规章制度”修改为“违反法律、行政法规规定”，并最终修改为“违反国家规定”。《刑法》第90条对“违反国家规定”的含义进行了明确的规定，即包括全国人民代表大会及其常务委员会制定的法律和决定，国务院制定的行政法规、规定的行政措施、发布的决定和命令。最高人民法院2011年4月8日颁布并实施的《关于准确理解和适用刑法中“国家规定”的有关问题的通知》（法发〔2011〕155号）又进一步对“国家规定”的认定标准进行了统一和规范，认为“国务院规定的行政措施”应当由国务院决定，通常以行政法规或者国务院制发文件的形式加以规定；以国务院办公厅名义制发的文件，符合以下条件的，亦应视为刑法中的“国家规定”：（1）有明确的法律依据或者同相关行政法规不相抵触；（2）经国务院常务会议讨论通过或者经国务院批准；（3）在国务院公报上公开发布。

在目前的司法实践中，国家规定如果只限定于《商业银行法》、《银行业监督管理法》及《金融违法行为处罚办法》等中，银行或其他金融机构在发放贷款时，无法依据其内容进行，不够明确、缺乏可操作性。因为其对银行贷款活动的规定主要体现着国家的宏观调控、把控和政策指导思想，主要是管理性、原则性、概括性规定。如《商业银行法》第35条规定了商业银行在贷款时应当进行严格审查，实行审贷分离、分级审批的制度；第36条规定了借款人贷款时应当提供担保的制度。这些规定显然是此罪成立的重要法律依据，但至于什么是“严格审查”“审贷分离”，如何才算“分级审批”，分几级，每级的权限如何等问题，仅从《商业银行法》中是无法得出答案的。

所以，“国家规定”还应包括国务院下属的金融主管部门（如中国人民银行、银保监会等）根据全国人大或国务院颁布的原则性规定所作的细则性规定，或其他行业指导性规定，如《贷款通则》、《商业银行法》以及银行业监督管理机构关于信贷管理的系列规定，这些规定对我国的金融机构的贷款业务有统一的约束力和执行力，也应属于“国家规定”的范围，主要包括轻处罚的实践案例，笔者认为违法发放贷款罪从轻处罚可参考以下几个要素：一是涉案贷款为银行高层领导的点贷行为，对基层贷款发放具有控制权。二是相关业务人员在审核贷款过程中，对业务作出了风险提示。三是在发放贷款过程中，相关业务人员处于从属地位，只能被动服从，并不能决定贷款的发放。四是相关业务人员在业务办理过程中，按领导指令办理，没有利益输送，无违纪违法所得。五是在案件审查期间，认罪（主动交代）并积极配合审查调查。

▷ 相关法律法规 ◁

➤ **《刑法》**（2021 年 3 月 1 日施行）

第一百八十六条　银行或者其他金融机构的工作人员违反国家规定发放贷款，数额巨大或者造成重大损失的，处五年以下有期徒刑或者拘役，并处一万元以上十万元以下罚金；数额特别巨大或者造成特别重大损失的，处五年以上有期徒刑，并处二万元以上二十万元以下罚金。银行或者其他金融机构的工作人员违反国家规定，向关系人发放贷款的，依照前款的规定从重处罚。单位犯前两款罪的，对单位判处罚金，并对其直接负责的主管人员和其他直接责任人员，依照前两款的规定处罚。关系人的范围，依照《中华人民共和国商业银行法》和有关金融法规确定。

第九十六条　本法所称违反国家规定，是指违反全国人民代表大会及其常务委员会制定的法律和决定，国务院制定的行政法规、规定的行政措施、发布的决定和命令。

➤ **《商业银行法》**（2015 年 10 月 1 日施行）

第三十五条　商业银行贷款，应当对借款人的借款用途、偿还能力、还款方式等情况进行严格审查。商业银行贷款，应当实行审贷分离、分级审批的制度。

第三十六条　商业银行贷款，借款人应当提供担保。商业银行应当对保证人的偿还能力，抵押物、质物的权属和价值以及实现抵押权、质权的可行性进行严格审查。经商业银行审查、评估，确认借款人资信良好，确能偿还贷款的，可以不提供担保。

➢ **《贷款风险分类指引》**（银监发〔2007〕54号，2007年7月3日施行）

第五条 贷款主要包括五类。正常：借款人能够履行合同，没有足够理由怀疑贷款本息不能按时足额偿还。关注：尽管借款人目前有能力偿还贷款本息，但存在一些可能对偿还产生不利影响的因素。次级：借款人的还款能力出现明显问题，完全依靠其正常营业收入无法足额偿还贷款本息，即使执行担保，也可能会造成一定损失。可疑：借款人无法足额偿还贷款本息，即使执行担保，也肯定要造成较大损失。损失：在采取所有可能的措施或一切必要的法律程序之后，本息仍然无法收回，或只能收回极少部分。

➢ **《贷款通则》**（1996年8月1日施行）

第三十四条 不良贷款系指呆账贷款、呆滞贷款、逾期贷款。呆账贷款，系指按财政部有关规定列为呆账的贷款。呆滞贷款，系指按财政部有关规定，逾期（含展期后到期）超过规定年限以上仍未归还的贷款，或虽未逾期或逾期不满规定年限但生产经营已终止、项目已停建的贷款（不含呆账贷款）。逾期贷款，系指借款合同约定到期（含展期后到期）未归还的贷款（不含呆滞贷款和呆账贷款）。

案例 4

银行行长贷款审批中一票否决权责任认定

一、案例

2019 年 3 月，被告人张某在担任 A 银行行长期间，在向上海 HL 房地产开发有限公司（以下简称 HL 公司）发放贷款过程中，明知贷款尽职调查中借款人提供的财务报表未经审计，在贷款审查委员会附条件要求借款人在将缺失的经审计的财务报表补充完毕后方可放款的情况下，严重不负责任，未履行行长一票否决权，审批同意向借款人发放贷款人民币 14.65 亿元。后借款人未按要求提交缺失的贷款材料，银行放款部门仍予发放贷款。贷款到期后，借款人因经营困难无法归还贷款。经大信会计师事务所辽宁分所审计，截至 2021 年 10 月 31 日，HL 公司逾期贷款本金合计 14.5067198256 亿元，逾期利息合计 2.7283100538 亿元；

公诉机关认为，被告人张某作为银行工作人员，违反国家规定发放贷款，数额特别巨大，其行为已触犯了《刑法》第 186 条的规定，犯罪事实清楚，证据确实、充分，应当以违法发放贷款罪追究其刑事责任。

被告人张某对起诉书指控的事实无异议，认罪认罚。辩护人认为：张某不构成违法发放贷款罪。原因在于《商业银行法》第 35 条第 2 款规定，“商业银行贷款，应当实行审贷分离、分级审批的制度”，银行对于贷款的审批，除了前期调查、中期审查外，在放款之前，仍需对该笔贷款进行审查，若不满足贷款条件则不予放款。《贷款通则》虽然规定应当提供经审计的财务报告，但未规定财务报告应当提交的环节，对于银行来说，在贷款出账环节补充的材料，只要与审批环节所提供的材料比对无误，也应当认为银行对借款人的偿还能力履行了严格审查义务，而放款环节的审查不由张某负责，因此张某不构成违法发放贷款罪。

法院认为，被告人张某作为银行工作人员，违反国家规定发放贷款，数额特别巨大，其行为构成违法发放贷款罪。对于辩护人提出的张某不构成违法发放贷款罪的辩护意见，《贷款通则》第25条第2项明确规定借款人应当提供财政部门或会计师（审计）事务所核准的上年度财务报告，以及申请借款前一期的财务报告，张某在贷款审批过程当中，明知借款人未提供经审计的财务报告，仍然批准逆流程发放贷款，构成违法发放贷款罪，辩护人所提出的意见与事实、法律不符，不予采纳。根据被告人的犯罪事实、性质、情节及对社会的危害程度，依照《刑法》第186条，第25条第1款，第67条第1款，第52条，第53条，第64条，第72条第1、3款之规定，判处被告人张某有期徒刑3年，缓刑3年，并处罚金2,000,000元。

二、争议焦点

1. 银行行长明知贷款存在问题仍审批通过，是否必然违反“国家规定”？
2. 如何判断行长一票否决权的刑事责任？

三、分析

（一）银行行长明知贷款存在问题仍审批通过，不宜直接认定其违反“国家规定”

根据我国《刑法》第186条的规定，构成违法发放贷款罪，以违反国家规定为前提。但在我国的法律以及相关的行政法规中，并无对银行行长一票否决制度的明文规定，而是多见于各银行自行制定的贷款管理制度当中，且一般没有规定具体的行使条件。因此，在实务当中，往往以《商业银行法》第35、36条规定的“严格审查义务”来界定银行行长是否存在“违反国家规定”的情形，由此，如何理解银行行长的“严格审查义务”就成为了判断行长违法发放贷款刑事责任的重点。

本案中，公诉机关指控张某构成犯罪的逻辑是，只要银行行长知悉银行贷款中的违法情况，均应当严格使用一票否决权，未行使一票否决权而使得违法贷款予以通过，即未履行“严格审查义务”，属于“违反国家规定”发放贷款，构成违法发放贷款罪。然而，公诉机关的这种司法认定逻辑，不符合我国银行的业务开展现状，若按此逻辑对银行行长施加如此高的审查义务，将会导致银行无法正常的开展信贷业务。

笔者认为，对于银行行长“严格审查义务”的判断，应当结合银行的实际工作情况具体分析，不能僵化地认为对于任何贷款的“严格审查义务”均为同一标准。如在以下几种情形下，不宜将银行行长的“严格审查义务”进行“一刀切”。

1. 非理性竞争

2015 年 6 月到 2022 年 6 月，7 年来我国商业银行贷款余额由 887，946.9 亿元上涨到了 2，063，512 亿元，同比增长 132.39%，[①] 表现出了强烈的信贷规模扩张现象。

贷款规模的快速扩张既反映了我国经济的高速发展，同时也意味着银行放贷业务中必然存在非理性行为，这些行为很可能会导致贷款出现不良甚至损失。对于银行行长来说，作为银行经营管理的“掌舵者”，在当下信贷扩张的背景下，必然存在非理性的行为。

我国商业银行的行长主要通过行政方式任命，这种组织任命方式，使银行行长们更多的追求其在任期内自身“政绩”的提升。具体而言，从公司治理的角度来看，银行行长作为代理人受政府所托（除少数民营商业银行外，我国商业银行均为国有控股）管理银行，在自身有限的任期内，其不仅要实现银行自身的经营发展目标，还要支持政府的经济发展任务，既追求个人在银行内的经济激励，又追求在银行外的政治激励。这使得中国商业银行的行长一般倾向于制订激进的业务发展计划，倾向于以“跑赢大市”或“跑赢同行”作为业务发展目标。即使有些银行行长出于防范系统性风险的考虑，想要限制业务发展的步伐，然而“树欲静而风不止”，在其他商业银行业务竞相高速发展的情况下，这些银行的行长为了自身职业发展也只能随波逐流。[②]

---

① 数据来源自证券之星网站，https：//finance.stockstar.com/finance/MacroData/xzxdlist.aspx?page = 1&order = 1&by = 1，最后浏览日期，2022 年 9 月 15 日。

② 参见刘铁彬：《中国商业银行信贷扩张与风险研究》，东北财经大学 2015 年博士论文，第 48 页。

笔者认为，在此情形下，行长“严格审查义务”应当区分其行为对于金融风险的影响，即使贷款的对象不符合贷款要求，但若该笔贷款可以减轻金融风险，则不宜认定批准该贷款的负责人未履行“严格审查义务”。

例如，甲银行在经过严格的风险审查程序后决定向A公司发放1亿元贷款，并根据借款人的用款进度分笔发放贷款。此时甲银行的1亿元贷款对借款人而言没有超出企业的负债能力，银行也没有过度授信。然而，市场上另一家银行乙银行虽然未对该公司进行严格的风险评估，但是乙银行知悉并相信甲银行的风险审查能力，进而认为A公司是优质企业，在指标考核的压力下，乙银行未经充分风险审查也向该客户发放了1亿元贷款。这时2亿元贷款对A公司来说就超出了其正常的负债能力，但中国企业普遍具有的扩张冲动使其愿意多获得贷款，并会通过寻求多元化运作或高风险投机实现超过贷款利息的收益。这时，甲银行虽然知道客户的总体负债偏多，但由于前期大量的风险评估投入和指标考核的压力，甲银行也不会放弃对A公司的贷款。随着企业利用负债不断扩张规模，这时第三家同样没有对A公司进行风险评估的银行丙银行，也基于对甲银行风险控制能力的信任，向A公司发放了1亿元贷款。而3亿元贷款对于A公司的负债能力而言就可能是明显偏多的。这时，甲银行可能意识到企业过度负债的问题，然而其贷款是分多笔发放、逐步到期的，如果其压缩到期的1笔贷款不再续贷，则乙银行和丙银行会很快发现，且由于乙银行和丙银行的贷款决策是基于甲银行对该客户的风险判断而作出的，因此甲银行如果压缩贷款，则乙银行、丙银行也将跟着压缩贷款，那么该企业将因银行抽贷而导致资金链断裂，三家银行的剩余贷款将全部形成不良。因此，甲银行的理性选择是保持存量贷款规模，默认企业过度负债的现实，继续向已经过度负债可能不具有偿还能力的A公司发放贷款，从而形成了多家银行对A公司的过度授信局面。此时，一旦企业发生经营变动或者银行的外部环境发生变化，导致某一家银行的贷款无法继续进行，那么恐慌性的集体抽贷现象将不可避免地发生，银行大量贷款形成损失，

在此情形下，乙、丙两银行的工作人员因未执行严格审查要求可能构成违法发放贷款罪，并无疑问。而对于甲银行的贷款决策者来说，在明知借款人过度负债而仍予续贷的问题上，笔者认为，由于甲银行行长并未创造风险，

而是在既有风险的情况下，选择是否延缓风险的发生。对此，我们无法期待甲银行行长在面对企业负债风险时，作出不予续贷的决定，对于此种情形，不应直接认定甲银行行长未履行“严格审查义务”。

2. 控制权旁落

在银行业的管理体系中，虽然商业银行的重要经营决策名义上是由行长办公会集体决定，但银行行长在国有控股商业银行的内部通常具有凌驾于其他高级管理人员之上的权威，其对银行的重大经营决策，以及对银行内部重要干部的人事任免、资源分配等都具有较大决定权。这导致银行行长可以在很大程度上控制银行的经营管理活动，同时银行的经营管理活动也很大程度上依附于行长的个人权力。

然而，由于个体的精力有限，银行行长对银行经营活动的控制，也极大地依赖于业务主管人员的信息汇总，也就是说，银行行长的职位既赋予了其对银行业务的极大掌控权，同时这一权力的行使又极度依赖银行各业务具体负责人员的配合。在此情况下，业务具体负责人员为了自己的业绩，往往会在业务开始执行前向行长汇报业务的基本情况，在得到行长的“同意”后，“拿着鸡毛当令箭”，以领导者名义办理业务，以此规避业务办理过程中可能遇到的阻碍与风险。更有甚者，直接采用“欺上瞒下”的方式，虚构“领导指示”作为自己办理业务的“通行证”，滥用领导名义实现自身利益。当贷款风险暴露追责时，业务主管人员也会以“业务是经过行长批准同意的”或“业务是按照领导指示办理的”作为抗辩事由主张自己无责，而银行行长则往往有口难辩。

在此情形下，应当具体审查银行行长对于贷款违法行为是否有具体明知的证据。同时，不能仅根据业务具体负责人员的口供即认定银行行长对于违法情况明知，必须有其他证据可以相互印证。

3. 财产性偏离行为

所谓财产性偏离行为，是指各种侵占组织财务或者违法获取财产性利益的行为，例如在商业往来中收受回扣，侵吞账款等行为。如前所述，由于银行行长对银行经营活动极大的控制权以及监管的缺失，银行行长自身的财产性偏离行为往往成为违法发放贷款的主要诱因。在早期的银行行长违法发放贷款的案例中，通常被告人在违法发放贷款的同时还伴随收受借款人贿赂的情节。

与前两种风险类型不同的是，财产性偏离行为往往伴随着行为人为了自身利益而主动追求违法行为的实现，这在司法实务的判断上并无争议。

然而，在司法实践中，对于由行长非理性决策或控制权旁落所引发的风险而产生的违法发放贷款案件，司法机关经常简单地以"银行行长明知贷款资料存在问题，仍未行使一票否决权，致使问题贷款通过，属于未尽严格审查义务"为由来认定行长的违法发放贷款责任。但在复杂风险环境下，如果简单地认为只要银行行长知悉贷款资料存在问题，未予以一票否决就违反了"严格审查义务"进而构成犯罪，实际上给予了银行行长过高的职业风险，也会导致其承担过重的法律责任。

因此，对于银行行长的"严格审查义务"，应当根据不同的情形加以区分。在原则上，当前行政监管的"尽职免责"政策可为解决银行行长"严格审查义务"的判断问题提供新的思路。如 2022 年 11 月 11 日中国人民银行、银保监会发布的《关于做好当前金融支持房地产市场平稳健康发展工作的通知》中规定："对于新发放的配套融资形成不良的，相关机构和人员已尽职的，可予免责。"

在本案中，被告人张某虽然知悉贷款资料存在问题，但是在其与借款人不存在关联或利益关系，也没有主动为该笔业务"打招呼""开后门"，且要求企业补充真实的经审计的财务报告的情况下，已经尽到行长的职责，不宜直接认定其构成违法发放贷款罪。

（二）贷款审查中的行长一票否决刑事责任认定

在银行贷款犯罪中，如何准确界定银行行长的刑事责任，从而真正实现法律的教育意义、指引意义，笔者认为应当进一步考察银行行长一票否决权在银行贷款审查中的定位与作用。

1. 贷款审查中一票否决权的程序定位

我国《商业银行法》第 35 条及《贷款通则》为有效防范贷款风险，均明确规定了贷款的审贷分离、分级审批制度。所谓审贷分离是指将贷款的前期尽职调查、贷款的评估审查发放、贷款的贷后监督管理收回多个阶段分别险与结果间的关系不在构成要件的效力范畴内，那么危害结果的发生仍然不可归咎于危险行为。

综上，在银行行长明知贷款材料存在问题，未行使一票否决权的情形下，不宜直接认定其构成违法发放贷款罪。应当查清贷款材料问题所产生的实质风险，并结合银行制定行长一票否决权的规范目的，综合判断行长的行为是否与风险相关，进而是否应当承担违法发放贷款责任。

具体到本案中，借款人未提供经过审计的财务报表是因为2019年3月年度审计未结束，但是借款人由于项目资金需求希望加速贷款流程，因此借款人将该情况告知银行工作人员希望其先予审核。对于借款人不提供经过审计的财务报表的行为，是否应当承担责任，由于银行违法发放贷款这一危险结果的实现，完全由银行自行掌握，违法发放贷款罪的构成要件不及于借款人不提供经过审计的财务报表，因此不能将责任归咎于借款人，而应由银行负责对借款人提供的材料的真实性负责的前台部门承担违法发放贷款的责任。

▷ 相关法律法规 ◁

➢ **《刑法》**（2020年修正，2021年3月1日施行）

第一百八十六条　【违法发放贷款罪】银行或者其他金融机构的工作人员违反国家规定发放贷款，数额巨大或者造成重大损失的，处五年以下有期徒刑或者拘役，并处一万元以上十万元以下罚金；数额特别巨大或者造成特别重大损失的，处五年以上有期徒刑，并处二万元以上二十万元以下罚金。

银行或者其他金融机构的工作人员违反国家规定，向关系人发放贷款的，依照前款的规定从重处罚。

单位犯前两款罪的，对单位判处罚金，并对其直接负责的主管人员和其他直接责任人员，依照前两款的规定处罚。

关系人的范围，依照《中华人民共和国商业银行法》和有关金融法规确定。

第二讲

骗取贷款罪

第二章

[illegible]

象，通常做法是当借款人的一笔贷款即将到期时，因客观原因暂时无法归还银行贷款，银行与借款人重新签定一份贷款合同，银行根据新的合同将新的贷款支付至借款人指定账户，并在当天收回该贷款，用以归还借款人的上一笔到期贷款。

正常情况下，“借新还旧”对发放贷款的金融机构和借款人均有一定的积极作用。对于发放贷款的金融机构来说，“借新还旧”的借款人是“老客户”，节省了金融机构发放贷款的成本，避免产生逾期贷款，进而避免产生不良贷款，金融机构也因此避免提取更多的贷款呆账准备金，缓解了指标压力，有利于银行的经营。对于借款人来说，“借新还旧”解决了借款人短期资金短缺的问题，也避免了缴纳罚息，加重借款人负担，维护了借款人的信誉，为借款人归还贷款争取了宝贵的时间。然而，“借新还旧”一定有其负面影响，由于这种贷款本身就表明借款人不能如期还款的事实，金融机构的信贷资金若长期被资信能力较弱的借款人占用，导致金融机构对借款人的授信期限管理丧失了应有的意义，进而导致金融机构的资金利用效率降低。这种行为也掩盖了金融机构的真实呆账、坏账情况，积聚了风险，给不良贷款监测和考核带来了较大的困难。

在实践中，由于“借新还旧”并不是原有贷款合同的简单展期，而是重新签订一份新的贷款合同，但在这份新的贷款合同中，借款人的贷款理由和贷款用途均与实际情况不符，严格来说，就是一份虚假合同。因此，当借款人最终无法归还所贷款项后，往往会被以“使用虚假材料获得贷款”为由追究借款人的刑事责任。正如案例中的李某，即因为 1 亿余元贷款不能按期归还，被以骗取贷款罪起诉至法院。

笔者认为，在“借新还旧”贷款中，当借款人的前一笔借款将要或已经无法归还时，发放贷款的金融机构对借款人的经济实力和未能归还贷款的原因是充分知情的，不仅如此，该金融机构对借款人未来有能力归还贷款的判断也是积极的。根据前文所述，“借新还旧”行为对金融机构和借款人均有一定的积极作用，故金融机构与借款人一旦达成“借新还旧”的合意，则必然需要双方配合才能完成这一行为。在具体操作过程中，由于借款人后一笔贷款的用途是为了归还前一笔贷款的本息，而双方签订的《贷款合同》又无法写明该真实用途，故只能虚构一个贷款用途。同时，由于贷款用途为虚构的，那么申请贷款的资料必然只能围绕贷款用途来进一步虚构，且这种虚构必需表面上符合金融机构发放贷款的条件。在这个过程中我们会发现，发放贷款的金融机构在此过程中并没有被骗，后一笔贷款的发放并不是金融机构因陷入认识错误而作出的。而且，由于后一笔贷款是为了归还前一笔贷款，故实践中后一笔贷款大多只发生在双方的账面上，或者双方约定只在一日内将贷款转入借款人账户后再马上转回金融机构账户，故即使单单看后一笔贷款，也难以认定借款人具有非法占有贷款的目的。因此，“借新还旧”的行为不存在非法占有目的，不存在贷款诈骗的行为。另外，“借新还旧”的行为并没有使金融机构陷入认识错误，也不应认定为骗取贷款罪。

从另一个角度分析，对于“借新还旧”的贷款行为，只有借款人以非法占有为目的，通过欺骗的手段虚构或隐瞒了自己的经济实力或归还贷款的能力，导致发放贷款的金融机构认为借款人只是暂时无法归还贷款，并基于此认识错误为借款人办理了“借新还旧”的贷款，在这种情况下，借款人的行为符合贷款诈骗罪的构成要件，可以认定其构成贷款诈骗罪。

四、深入剖析贷款诈骗罪、骗取贷款罪及相关出罪焦点

（一）贷款诈骗罪与骗取贷款罪的比较

骗取贷款罪是《刑法修正案（六）》第10条新增设的罪名，2006年之前，《刑法》体系中并没有规定这一罪名。《全国法院审理金融犯罪案件工作座谈会纪要》规定：“……对于合法取得贷款后，没有按规定的用途使用贷款，到期没有归还贷款的，不能以贷款诈骗罪定罪处罚；对于确有证据证明行为人不具有非法占有的目的，因不具备贷款的条件而采取了欺骗手段获取贷款，案发时有能力履行还款义务，或者案发时不能归还贷款是因为意志以外的原因，如因经营不善、被骗、市场风险等，不应以贷款诈骗罪定罪处罚。”那就不难得出结论，针对商业银行贷款，行为人如果以非法占有为目的实施骗取贷款的行为，则可能构成贷款诈骗罪，如果行为人没有非法占有目的，仅以非法获得和使用贷款为目的而骗取贷款的，则可能构成骗取贷款罪，相应地，如果商业银行及工作人员在发放贷款的过程中存在违法行为，

则可能构成违法发放贷款罪。

两罪的犯罪对象都是银行或者其他金融机构的信贷资金。两者的犯罪构成既有相同点，也有不同点。相同点：（1）主体要件相同。凡达到刑事责任年龄，具有刑事责任能力的自然人均可构成两罪主体，银行或者其他金融机构的工作人员内外勾结，为实施该两罪的行为人提供帮助的，亦可构成共犯。（2）客体要件相近。两罪的客体均为复杂客体。骗取贷款罪侵犯的主要客体是金融管理秩序，其次侵犯的是银行或者其他金融机构的财产权（主要是指所有权中的使用、处分权能）。贷款诈骗罪侵犯的主要客体是银行或者其他金融机构贷款的所有权，其次侵犯的是国家金融管理制度。（3）客观要件相同。两罪的行为表现均可能是编造引进资金、项目、经商办企业等虚假理由，使用虚假合同，虚假的证明文件，或者虚假的产权证明作担保，或者超出抵押物价值重复担保等虚构事实和隐瞒真相的方法。两罪的不同点：（1）两罪的主观要件不同，这是区分两罪的关键。虽然两罪采取的犯罪手段相似，但主观目的不同。骗取贷款罪不是以非法占有为目的，只因在不符合贷款条件的情况下为取得贷款而采用了非法手段，有归还的意愿。而贷款诈骗罪的主观意图就是通过非法手段骗取贷款并非法占有。（2）两罪构成犯罪的数额标准和情节标准不同。骗取贷款罪的数额标准是达到 100 万元以上或者造成直接经济损失 20 万元以上，骗取贷款罪的情节标准是多次以欺骗手段取得贷款或者给银行、其他金融机构造成重大损失或者其他严重情节等。而贷款诈骗罪只要骗取贷款达到数额较大即可构成，对情节的规定均为加重处罚情形。

（二）贷款诈骗罪、骗取贷款罪的出罪焦点

1. 改变贷款用途

改变贷款用途是否归属于骗取行为一类，是该行为是否被认定为骗取贷款罪或贷款诈骗罪的关键。在笔者看来，行为人改变贷款用途的行为不宜直接评价为骗取行为。两罪所规制的并非简单的欺骗行为，而是骗取行为是否侵犯法益，行为人在获得银行贷款后改变了贷款用途，从银行的角度来说，属于被欺骗，但这种行为是否达到了需要《刑法》介入的程度，仍然需要进一步商榷。行为人改变贷款用途，实际上可以分为两种情况予以考虑，一种

情况下，将贷款另做他用并不会形成实质信贷风险，只是由于审批程序等原因，行为人申报存在虚假，这种情况下，改变贷款用途的行为不宜评价为两罪的骗取行为，即不应以犯罪处理。而另一种情况下，行为人故意将贷款用于银行不允许发放的高风险业务，这种行为实质上加大了资金不可回收的风险，将其评价为骗取行为，较为符合刑法的谦抑性原则。因此，对于行为人改变贷款用途的行为，并不能“一刀切”，银行业务人员在发放贷款过程中，需要严格按照业务流程，切不可为了业绩和效率配合借款人进行业务处理。

2. *存在有效担保*

骗取贷款罪与贷款诈骗罪侵犯的法益是金融机构的信贷资金安全。实践中，特别是当下金融风险积聚，银行等金融机构办理贷款业务流程复杂，条件苛刻，对于那些有正当生产经营目的的企业，有充分的偿还能力，或者提供有效、足额的抵押担保，对于银行贷款的顺利回收基本没有风险的贷款欺诈行为，是否可考虑不作为犯罪处理，一直是关注的焦点。银行最终要实现的目的为收回贷款，不产生损失，如通过其他强制手段，可以促进企业归还贷款的积极性，有效实现银行不良贷款的清收，那么笔者认为，虽然在申请贷款过程中存在一定程度的欺诈，该行为确为骗取行为，但可以在一定程度和前提下作出出罪认定。因为，合法有效且足额担保并不会实质上侵害两罪的法益，那信贷资金安全即有了一定的保障，不会形成贷款实质损失的风险。当然，为了维护金融秩序的稳定，此种欺诈行为的危害性现实存在且必须有效打击。解决问题的关键是刑法评价的标准针对的是危害的程度与损失的结果。换言之，损害结果如未达到刑法上的制裁范围，应该交由其他前置法加以规制。

3. *有效填补经济损失*

骗取贷款罪及贷款诈骗罪的成立，要求给银行造成重大损失。两罪的本质即不符合贷款条件、不具备贷款资质的行为人，通过欺诈手段获取银行的贷款，并使得资金安全严重得不到保障，最终形成风险。反之，如果行为人通过一定欺诈手段而获取贷款，其将贷款投入生产经营而到期未能还款，但行为人具有相当的经济实力，其能够及时填补经济损失，那么该行为人并未实质侵害相关法益，如适用《刑法》的谦抑性原则可作出出罪的认定。

案例 6

浅谈“内外勾结”型骗取贷款罪的三个基本问题

一、案例

2015 年 7 月至 2017 年 9 月间，被告人佟某采取“虚构建设大棚基数，多贷款少建棚、陋建棚”的作案手段，将乡政府开具的大棚物权证抵押，骗取 X 农村商业银行下属 A 支行、B 支行、C 支行等 3 个支行共计大棚抵押贷款 10 笔，贷款金额总计 1.28 亿元。

其中被告人佟某于 2015 年 7 月 6 日至 2017 年 9 月 12 日，在 A 支行以顶名人“赵某、高某”的名义，采取用“顶名人”借新还旧的方式骗取 A 支行贷款 1260 万元；2015 年 12 月 12 日、2016 年 1 月 28 日，在 B 支行利用其名下企业，以借新还旧的方式贷款 4140 万元；2015 年 12 月 28 日至 2017 年 3 月 7 日在 C 支行利用其名下企业及以顶名人“佟某明、杜某 1”的名义，提供虚假材料、在未建先批的情况下骗取 C 支行贷款 7400 万元。被告人佟某在上述 3 个支行贷款，以 448 个物权证作为抵押，骗取银行贷款共计 1.28 亿元，佟某本应建大棚 448 座，实建大棚 279 座，经大连某海洋资源资产价格评估有限公司评估：佟某骗取贷款案涉案抵押物价值为 31,315,023.12 元，涉案抵押物土地经营权价值为 2,363,863 元，贷款发生时即偿还 X 农村商业银行本金 25,656.4 元，利息 15,137,172.68 元，总计 15,162,829.08 元，现被告人佟某对上述贷款无法偿还，造成 X 农村商业银行损失 79,158,284.8 元。

2015 年 12 月至 2017 年 3 月间，佟某在 X 农村商业银行 C 支行利用其名下企业及以顶名人“佟某明、杜某1”的名义，采取“虚构建设大棚基数，多贷款少建棚、陋建棚”的作案手段，提供虚假材料、在未建先批的情况下骗取C支行贷款7400万元，贷款到期后佟某无法偿还。被告人赵某、张某作为银行工作人员违反《商业银行法》等有关法律法规发放贷款，在贷款发放前不进行贷前核实，明知佟某提供的贷款数据造假，虚构抵押物不实的情况下，仍然为佟某发放贷款7400万元。

一审法院判决：(1) 被告人佟某犯骗取贷款罪，判处有期徒刑6年，并处罚金人民币500,000元；(2) 被告人赵某犯违法发放贷款罪，判处有期徒刑3年，并处罚金人民币100,000元；(3) 被告人张某犯违法发放贷款罪，判处有期徒刑3年，并处罚金人民币100,000元；(4) 责令被告人佟某退赔被害单位X农村商业银行人民币79,158,284.8元。

一审宣判后，三被告人均不服，提出上诉。二审法院裁定驳回上诉，维持原判。

本案属于典型的银行工作人员与借款人内外勾结的“骗贷”案件，本文借用本案例简要论述笔者对“内外勾结”型骗取贷款三个问题的浅要看法。

二、焦点问题

问题一，“点贷”类案件中，银行属于被害人还是被骗人？

问题二，造成“重大损失”如何认定？

问题三，内外勾结案件中，借款人构成骗取贷款罪，银行人员赵某、张某是否可以同时构成违法发放贷款罪

三、分析

（一）银行系被害人非被骗人，银行不能作为独立法人受骗

骗取贷款罪的主体包括自然人及其单位。《刑法》第175条之一第2款规定：单位犯前款罪的，对单位判处罚金，并对直接负责的主管人员和其他直接责任人员，依照前款的规定处罚。

佟某案件中，佟某与支行行长赵某及信贷员张某均存在事先串通的行为，支行行长毫无疑问在银行内部具有决策审批权限，而信贷员基本上都是听从

行长的安排实施具体行为。本案中，赵某的辩护人在二审中为其辩护：本案农商行是“点贷”[①]，赵某只是执行者，本案应搞清是谁发放的贷款，不是赵某的行为，本案定性错误。而张某及其辩护人提出：X农村商业银行明知大棚不存在，主动帮助佟某获得虚开的大棚物权证，X农村商业银行违规操作，造成违法放贷的后果。二人实质均是以单位犯罪进行抗辩。

实际上，本案二审裁定书并未对辩护人所提出的单位犯罪辩点进行回应，也并未明确列明佟某利用欺骗手段骗了银行还是欺骗了某个银行决策人，仅是以罗列各被告人个人行为的方式对佟某、赵某、张某分别定罪。但诈骗类犯罪，必然有一方受骗，若赵某、张某的辩解属实，X农村商业银行在整个过程中对于佟某的欺骗手段均明知，那么佟某在本案中，究竟骗了谁？在此类案件中，行长及信贷员与借款人内外勾结，银行属于受骗人还是被害人？受骗人与被害人是否又可以等同？

实践中以银行构成单位犯罪进行辩护基本都属于“无效”辩护，因为银行不可能成为骗取贷款罪的犯罪嫌疑人，所谓“骗取贷款”意指行为人骗取银行或其他金融机构贷款，银行在该罪名中属于被害人角色，即使认定骗取贷款罪，也仅是针对银行内部工作人员单独认定，从逻辑上讲，也不可能出现银行自己骗自己的情况。

目前较为流行的观点，就是将银行工作人员与银行主体分开（笔者认为本案法院判决虽未写明，但也采用了此观点）。具体为：银行作为独立的法人主体，决策人员的行为属于银行独立法人的代理行为，当决策人员为了谋取私利与贷款申请人相互勾结，制作虚假材料，自批自贷给银行造成损失时，其代理行为违背了银行意志，属于超越银行代理权限的私人行为，行为本身不再代表银行的利益，银行不为此承担责任。该行为实际是一个内外勾结的共同欺骗行为，个别工作人员站在借款人的立场上，其行为已经不再代表银行，这种情况应构成骗取贷款罪。[②] 该观点有效地将决策人的意志、行为与

① 点贷是90年代初国家为解决国营大中型重点企业生产经营资金需要而采取的一项特殊贷款措施，是国家有关部门会同银行一起将贷款计划分配落实到户，再由下级行根据上级行与政府有关部门联合制订的分户贷款计划掌握贷款发放的一种贷款方法。

② 参见孙国祥：《骗取贷款罪司法认定的误识与匡正》，载《法商研究》2016年第5期。

单位的意志、行为进行割裂，轻松回应了辩护人提出的单位犯罪的抗辩理由，成为目前司法机关的主流观点，但是细细分析，该观点也值得商榷。

骗取贷款罪属于诈骗犯罪，其罪名成立必须要求被害人受骗。单位实际属于抽象概念，单位意志由决策者意志体现，单位行为由具体行为人实施。因此，决策者是否被骗实际上直接决定单位是否被骗。在决策者与贷款申请人共谋以虚假材料向银行申请贷款的案件中，贷款申请人没有欺骗银行决策人，决策人也未陷入错误认识。换句话说，单位脱离具体行为人，不可能产生独立意志，也不可能独立做出发放贷款的行为，如此也不能得出银行陷入错误认识发放贷款的结论。

佟某案件中，佟某借用他人名义、虚构建设大棚基数、提供虚假材料、在未建先批的情况下向C支行申请贷款，C支行行长赵某及信贷员张某明知佟某提交的材料中贷款数据造假，虚构抵押物不实且部分存在顶名贷款情形，仍出具了向佟某发放贷款的调查报告。整个贷款过程中，佟某与支行行长赵某及信贷员张某均存在事先串通的行为，决策人（支行行长赵某）未受骗，具体操作人（信贷员张某）也未受骗，佟某也不可能跳过决策人和信贷员对银行本身实施欺骗行为。从证据角度上看，公诉机关也不可能举出佟某单独对银行本身实施欺骗行为、银行陷入错误认识发放贷款的主观证据。

笔者认为，银行作为独立法人受骗的观点，存在为定罪而主张之嫌。就骗取贷款罪而言，单位虽然能够成为被害人，但不可能成为受骗者，[①] 而基于骗取贷款罪维护贷款秩序的角度分析，银行内部人员与外部人员勾结，其行为损害了银行权益，侵犯了贷款秩序是结果，银行可作为被害人，但此处的被害人与受骗人并非同一主体，那么如果诈骗犯罪中没有被骗人，诈骗犯罪是否可以成立，笔者认为这也是值得深思的问题。

（二）“重大损失”的认定

《刑法修正案（十一）》删除骗取贷款罪中“其他严重情节”这一入罪标准，将是否造成信贷资金的重大损失作为骗取贷款罪责任追究的唯一结果性要件，对没有造成金融机构重大损失的骗取贷款行为予以出罪处理，体现

① 参见张明楷：《诈骗罪与金融诈骗罪研究》，清华大学出版社2006年版，第1－87页。

押物才能审批通过获得银行贷款，若借款人虚增的抵押物价值部分仅是满足银行要求高于贷款额度审批的部分，抵押物真实价值实际与偿还贷款本金等值，那么此种情况下，即使贷款存在不良，但因抵押物足值，并未使信贷资金陷入风险，不会造成银行重大损失，不属于骗取贷款罪的欺骗手段，不成立本罪。

不过，佟某案中还存在另一个争议的问题，二审裁定书在罗列一系列欺骗性行为后，紧接着论述结论“佟某骗取贷款的行为使银行的信贷资金处于巨大的风险之中，导致贷款最终形成不良，造成了银行特别重大损失”。笔者在上文已经论述过，根据《贷款通则》之规定，贷款不良≠贷款损失，加之本案一审判决回应“至于银行通过诉讼途径，采取一系列法律手段，可能最终会通过法院执行等程序使贷款资金得到偿还，但这是犯罪后的追赃挽回问题，不影响对行为人性质的认定及本罪的成立”。笔者对于该案的实质损失认定存在疑问，该案是否确实已经通过民事诉讼程序获得了偿还，佟某贷款所提供的抵押物是否足值等均是需要着重关注的问题，如若确实已经通过民事手段使贷款资金得到偿还，或者所提供的抵押担保物实际足值，则该案的骗取贷款的损失认定可能存在不准确的情况。

（三）内外勾结案件中，不能同时认定贷款申请人构成骗取贷款罪、银行工作人员构成违法发放贷款罪

本案中，法院分别判决借款人佟某构成骗取贷款罪，银行工作人员赵某、张某构成违法发放贷款罪。

关于赵某、张某罪名的认定。一审法院认为：被告人赵某、张某作为银行工作人员明知贷款的实际使用人是佟某，不进行贷前核实，用物权证作为抵押物，向其发放顶名贷款，违反了《商业银行法》第35条“商业银行贷款，应当对借款人的借款用途、偿还能力、还款方式等情况进行严格审查”的有关规定，其行为均构成违法发放贷款罪。

二审法院认为：赵某、张某二人在履职过程中，明知佟某贷款抵押不符合规定，明知借款人提交的材料中借款人基本情况、月收入、房屋产权等资信状况、还贷能力等与实际情况严重不符且部分存在顶名贷款情形，仍出具了向借款人发放贷款的调查报告，符合违法发放贷款罪的犯罪构成要件，构成违法发放贷款罪。

笔者认为，该法院判决认定存在矛盾。大部分法官在审理骗取贷款类案件中，往往会陷入“银行工作人员不违反国家规定，骗贷人就不会得逞”的思维怪圈，也有法院或学者将骗取贷款罪和违法发放贷款罪理解为类似行贿罪和受贿罪的对向犯。然而，笔者对此持不同观点。

骗取贷款罪属于诈骗类犯罪，其需满足诈骗犯罪的基本构造，即行为人欺骗—被害人受骗（行为人使用欺骗手段，使银行工作人员陷入错误认识而发放贷款）。也就是说“骗”的行为与“取”的结果必须具有因果关系，通俗地说，只有银行工作人员不明真相时才能受骗，也就是说只要银行工作人员在操作过程中一旦发现自己被骗就会立刻停止发放贷款的动作。这与行受贿的对向犯完全不同，行/受贿行为人对于他人行贿、自己受贿的事实真相知情、部分知情或者一方知情，行/受贿犯罪成立不会受到影响。然而，骗取贷款罪中的欺骗手段针对的是真假问题，并非只要贷款材料虚假就属于欺骗手段，只有当银行工作人员不明真相时欺骗手段才成立。反之，若行为人与银行工作人员共谋或者行为人的欺骗行为已被银行工作人员识破，此时贷款行为便不具有欺骗性，即使贷款最终无法收回，骗取贷款罪也不能成立。

再看违法发放贷款罪，此罪是指银行或者其他金融机构的工作人员违反国家规定发放贷款，数额巨大的行为。有学者主张违法发放贷款罪存在故意和过失两种罪过形式，而对于内外勾结的共同犯罪案件中，违法发放贷款的罪过形式只能是故意，不可能存在过失，也就是说贷款申请人与银行工作人员均在明知贷款过程违规的情况下追求并且希望发生贷款发放的结果。此种基础上，即使贷款申请人实施了欺骗行为，但由于银行工作人员没有产生错误认识而故意发放贷款，不满足骗取贷款罪的犯罪构成，则不能以贷款申请人的行为认定骗取贷款罪（上文已阐述银行不可能脱离具体的人单独受骗，在此不在赘述）。根据罪刑法定原则，只能根据银行工作人员的主客观行为认定成立违法发放贷款罪，贷款申请人成立违法发放贷款罪的共犯。

回到佟某案件中，法院判决银行工作人员赵某、张某明知佟某提供虚假材料、不实抵押申请贷款而出具发放贷款调查报告成功发放贷款，其已经明确赵某、张某并未陷入错误认识，因此赵某、张某与佟某便无法以违法发放贷款罪与骗取贷款罪单独评价。笔者认为，全案只能以违法发放贷款罪共犯进行认定，此观点与法院判决观点存在不同，可进一步探讨。

以上就是本文的全部内容，笔者以案例切入，分享几点对骗取贷款罪浅显的理解，有不妥之处，欢迎指正。

▷ 相关法律法规 ◁

➤ **《刑法》**（2020年修正，2021年3月1日施行）

第一百七十五条之一　【骗取贷款、票据承兑、金融票证罪】以欺骗手段取得银行或者其他金融机构贷款、票据承兑、信用证、保函等，给银行或者其他金融机构造成重大损失的，处三年以下有期徒刑或者拘役，并处或者单处罚金；给银行或者其他金融机构造成特别重大损失或者有其他特别严重情节的，处三年以上七年以下有期徒刑，并处罚金。

单位犯前款罪的，对单位判处罚金，并对其直接负责的主管人员和其他直接责任人员，依照前款的规定处罚。

➤ **《最高人民检察院、公安部关于公安机关管辖的刑事案件立案追诉标准的规定（二）》**（公通字〔2022〕12号，2022年4月6日发布，2022年5月15日起施行）

第二十二条　【骗取贷款、票据承兑、金融票证案（刑法第一百七十五条之一）】以欺骗手段取得银行或者其他金融机构贷款、票据承兑、信用证、保函等，给银行或者其他金融机构造成直接经济损失数额在五十万元以上的，应予立案追诉。

第三讲

背信运用受托财产罪

案例7

银行理财业务的刑法规制

一、案例

2019年期间，福州TH房地产公司为项目建设，以其子公司的名义向A银行理财业务部申请信托贷款。朱某、李某作为业务审核人员在该项目的尽职调查中，对借款人偿还能力及抵押权、质押权实现的可行性等情况未进行严格审查，进而使用理财资金，通过B信托公司向借款人发放信托贷款，款项到期后无法归还。经大信会计师事务所辽宁分所审计，截至2022年6月31日，福州TH房地产公司逾期贷款本金合计24亿元，逾期利息合计5.1906516049亿元。

公诉机关认为，被告人朱某、李某（另案处理）作为银行工作人员，违反国家规定发放贷款，数额特别巨大，其行为已触犯了《刑法》第186条的规定，犯罪事实清楚，证据确实、充分，应当以违法发放贷款罪追究其刑事责任。

被告人朱某对起诉书指控的事实无异议，认罪认罚。辩护人认为：朱某不构成违法发放贷款罪，因为涉案福州TH房地产公司申请的项目不是银行贷款，而是银行代客理财投资的资管业务，不符合违法发放贷款罪的构成要件。

法院认为，A银行作为专业的金融机构，违背受托义务，擅自运用客户资金，情节特别严重，其行为侵犯了国家的金融管理秩序和客户的合法权，被告人朱某作为A银行直接负责的主管人员，其行为已构成背信运用受托财产罪，依法均应予惩处。根据被告人的犯罪事实、性质、情节及对社会的危害程度，依照《刑法》第185条之一，第25条第1款，第67条第1款，第52条，第53条，第64条，第72条第1、3款之规定，判处被告人朱某有期徒刑2年，缓刑3年。

二、焦点问题

1. 银行工作人员在使用理财资金发放信托贷款的过程中未尽严格审查义务的行为应当如何定性？

2. 如何区分银行理财业务与贷款业务？

3. 如何认定银行理财业务中的犯罪主体？

4. 银行理财业务中的受托义务如何界定？

三、分析

（一）银行工作人员在使用理财资金发放信托贷款的过程中未尽严格审查义务的行为应当适用背信运用受托财产罪来进行规制

近年来，由于我国监管部门一直采取总量控制的方式管理银行信贷投放，对地方政府融资平台、房地产企业等重点行业的贷款提高准入要求。部分地方性银行为获取更高的利息收益，对于不符合贷款条件的企业，使用理财资金通过信托贷款的方式，向用款企业投资，以此满足企业的用款需求，在这一业务过程中出现的银行工作人员未尽审核义务最终导致资金无法收回的情形，在司法实务当中如何认定仍有争议。

第一种意见认为：银行工作人员构成违法发放贷款罪。《刑法》第186条规定，银行或者其他金融机构的工作人员违反国家规定发放贷款，数额巨大或者造成重大损失的，构成违法发放贷款罪。案例中，A银行工作人员违反了《商业银行法》等相关法律法规的规定，在贷款审核的过程中，未尽严格审核义务，违法发放贷款数额巨大，构成违法发放贷款罪。

第二种意见认为：A银行工作人员不构成违法发放贷款罪，而应认定银行构成背信运用受托财产罪，并对其直接负责的主管人员和其他直接责任人员判处刑罚。因为本案中的信托贷款所使用的并非是A银行的自有资金，而是由银行管理的属于投资者的“受托财产”，不属于违法发放贷款罪的规制范围，而应适用《刑法》第 185 条之一的规定，即银行违背受托义务，擅自运用客户资金或者其他委托、信托的财产，情节严重的，构成背信运用受托财产罪。

本案中，两种不同意见的分歧在于，实务中对银行贷款与理财业务的理解不同。第一种意见认为，只要是银行对外的借款均为贷款。第二种意见认为，对于银行使用客户资金对外借款的行为，不能认定为贷款，而应为理财投资，进而不应适用违法发放贷款罪进行处罚。

笔者同意第二种意见，详述如下：

《刑法》第 185 条之一规定了背信运用受托财产罪，但该罪名在实务中银行类犯罪的适用上，往往被违法发放贷款罪所替代。原因在于，当前实务界对银行对外放款的行为理解过于单一，将任何银行对外的借款，均一致认定为“发放贷款”，从而忽略了银行不同业务所对应不同法益的保护范围，进而出现法律适用上的混乱。

从行政监管的角度看，2018 年 4 月 27 日中国人民银行等四部门正式发布了《中国人民银行、中国银行保险监督管理委员会、中国证券监督管理委员会、国家外汇管理局关于规范金融机构资产管理业务的指导意见》，该意见针对金融机构在资产管理（包括理财投资）业务中的现实问题提出了相应的监管规则，从行政管理上对于资产管理业务中的违法问题提供了较为全面的预防与解决措施。但在当下，《中国人民银行、中国银行保险监督管理委员会、中国证券监督管理委员会、国家外汇管理局关于规范金融机构资产管理业务的指导意见》的监管规则并未和我国刑事司法建立起紧密的衔接和互动。

因此，对本案争议问题的解决，应对银行不同金融业务的内在逻辑进行区分，结合目前行政法对银行贷款与理财业务不同的监管思路，厘清违法发放贷款罪与背信运用受托财产罪在银行理财业务犯罪中的适用界限。

根据我国《刑法》规定，违法发放贷款罪的行为对象是银行自有资金，而背信运用受托财产罪的行为对象是委托、信托的财产，即广义的委托理财财产。委托理财投资是指委托人通过委托或者信托与受托人约定，将资金、证券等金融性资产交给受托人，由受托人在一定期限内按照委托人的意愿管理，并按期支付给委托人一定比例收益的资产管理活动。由于委托理财过程中，委托人对市场信息等把握可能不充分，在投资知识方面可能有欠缺，其将资金或证券交付受托人后，对资金和证券的使用难以监控，只能被动接受受托人处置财产的结果，所以在刑法上对受托财产给予特殊保护是必要的，①即国家对于理财投资业务单独增设罪名进行保护。

同时，在行政监管领域，《中国人民银行、中国银行保险监督管理委员会、中国证券监督管理委员会、国家外汇管理局关于规范金融机构资产管理业务的指导意见》中明确规定："资产管理业务是指银行、信托、证券、基金、期货、保险资产管理机构、金融资产投资公司等金融机构接受投资者委托，对受托的投资者财产进行投资和管理的金融服务。金融机构为委托人利益履行诚实信用、勤勉尽责义务并收取相应的管理费用，委托人自担投资风险并获得收益……

"资产管理业务是金融机构的表外业务，金融机构开展资产管理业务时不得承诺保本保收益。出现兑付困难时，金融机构不得以任何形式垫资兑付。金融机构不得在表内开展资产管理业务。"

银行对受托的投资者财产进行投资的金融服务属于资产管理业务，且不允许金融机构进行任何形式的垫资兑付，即资产管理业务不涉及银行的自有资金安全。

在本案中，A银行将理财资金通过信托贷款的方式投资于福州TH房地产公司，根据《中国人民银行、中国银行保险监督管理委员会、中国证券监督管理委员会、国家外汇管理局关于规范金融机构资产管理业务的指导意见》的要求，不涉及银行自有资金的安全，而是投资者与受托人之间的法律关系，应以背信运用受托财产罪来进行规制。

（二）银行理财业务与贷款业务之区分

银行委托理财投资与发放贷款从表面上看，均表现为银行将资金转移给用款企业，并在合约到期后回收本金、利息。但深入到银行的业务之中看，二者存在本质性的区别。

---

① 参见周光权：《刑法各论》（第3版），人民大学出版社2016年版，第270－271页。

将银行业务以资产负债表作为划分基础，可以分为：负债业务、资产业务与中间业务。分述如下：

第一，负债业务。负债业务为商业银行形成自有资金来源的业务。存款、派生存款是银行的主要负债，约占资金来源的80%以上，另外联行存款、同业存款、借入或拆入款项或发行债券等，也构成银行的负债。

第二，资产业务。资产业务是指商业银行运用自有资金对外投资并获得收入的业务，其中，贷款是按一定利率和确定的期限贷出货币资金的信用活动，是商业银行资产业务中最重要的项目，在资产业务中所占比重最大。

第三，中间业务。中间业务系商业银行利用自身的技术、信息、机构网络、资金和信誉等方面的优势，不运用银行自身资产，以中间人和代理人的身份替客户办理收付、咨询、代理、担保、租赁及其他委托事项，提供各类金融服务并收取一定费用的经营活动。银行理财业务为银行中间业务的重要组成部分。

其中，负债业务与资产业务属于银行的表内业务，而中间业务则为表外业务，即中间业务的收入不计入银行的资产负债表之中。因此，银行理财投资与发放贷款虽然表面的资金走向及审核流程相似，但底层逻辑完全不同。详述如下：

第一，业务模式不同。根据银行业务规范，银行的贷款业务属于表内业务，发放贷款应当计入银行资产负债表，发放贷款的资金来源于银行的自有资金（包括公众存款），银行赚取贷款利息，贷款风险由银行自身承担。而银行理财产品投资业务，属于表外业务，不计入资产负债表当中。

换言之，银行作为金融机构，其支配、管理的资金包括两部分，一部分为银行的自有资金，也就是表内资金。该资金的来源主要为银行初始的注册资本金，银行通过股权、债券等方式获得的融资及银行通过客户存款吸收的资金。银行使用该部分资金对外投资、借款等获得的收益均归于银行自身，造成的损失亦由银行自身承担。在我国，因为银行除了具有作为商业主体的盈利职能外，更重要的是对社会资金的筹措与融通、国家宏观经济的调控均起到重要作用。因此，立法上对银行自有资金的使用及风险管控的要求极为严格，在《商业银行法》第35、36条规定了商业银行贷款的分级审批制度及严格审查要求，同时在刑法中规定违法发放贷款罪以保护银行的贷款秩序及自有资金的安全。

银行管理资金的另一部分，即表外资金。这部分资金来自于商业银行从事的，按照会计准则不计入资产负债表内的，不形成资产负债，但能增加银行收益的业务。表外业务是没有资金风险的资金流动，银行只收取手续费，不代垫资金，不承担风险。根据《商业银行理财业务监督管理办法》（中国银行保险监督管理委员会令 2018 年第 6 号）第 4 条的规定："商业银行理财产品财产独立于管理人、托管机构的自有资产，因理财产品财产的管理、运用、处分或者其他情形而取得的财产，均归入银行理财产品财产。商业银行理财产品管理人、托管机构不得将银行理财产品财产归入其自有资产，因依法解散、被依法撤销或者被依法宣告破产等原因进行清算的，银行理财产品财产不属于其清算财产。"可知，银行理财产品投资业务的资金来源于客户的委托理财，独立于银行的自有资产，银行的自有资金（包括存款）不会进入该笔业务之中，银行自身不赚取投资收益，而收取相应的理财管理费，同时银行自身不承担理财风险，而由投资者自行承担相应风险。

理财投资业务与贷款业务办理的流程相似的原因在于，《商业银行理财业务监督管理办法》第 39 条第 1 项之规定："商业银行理财产品投资于非标准化债权类资产的，应当符合以下要求：（一）确保理财产品投资与审批流程相分离，比照自营贷款管理要求实施投前尽职调查、风险审查和投后风险管理，并纳入全行统一的信用风险管理体系。"理财投资业务的审批流程系比照中国人民银行贷款审批流程规定设计，因此存在审批流程上的相似性，但从底层逻辑上看，二者完全不同。

第二，监管规范不同。银行信贷业务的监管规范为中国人民银行根据《商业银行法》制定的《贷款通则》，银行开展信贷业务均不得违反《贷款通则》之规定。

而银行理财产品投资业务的监管规范为《关于规范金融机构资产管理业务的指导意见》（银发〔2018〕106 号）及依据该指导意见制定的《商业银行理财业务监督管理办法》，《商业银行理财业务监督管理办法》第 3 条第 1 款之规定："本办法所称理财业务是指商业银行接受投资者委托，按照与投资者事先约定的投资策略、风险承担和收益分配方式，对受托的投资者财产进行投资和管理的金融服务。”

换言之，从法律规范的角度上看，理财业务与贷款业务分属不同的监管细则之下，其监管思路亦不相同。对贷款的监管秉持严格审核原则，强调对风险的严格把控。如我国《商业银行法》第7条第1款规定：“商业银行开展信贷业务，应当严格审查借款人的资信，实行担保，保障按期收回贷款。”

相比之下，针对理财业务，我国《关于规范金融机构资产管理业务的指导意见》中规定：“二、资产管理业务是指银行、信托、证券、基金、期货、保险资产管理机构、金融资产投资公司等金融机构接受投资者委托，对受托的投资者财产进行投资和管理的金融服务。金融机构为委托人利益履行诚实信用、勤勉尽责义务并收取相应的管理费用，委托人自担投资风险并获得收益。金融机构可以与委托人在合同中事先约定收取合理的业绩报酬，业绩报酬计入管理费，须与产品一一对应并逐个结算，不同产品之间不得相互串用。资产管理业务是金融机构的表外业务，金融机构开展资产管理业务时不得承诺保本保收益。出现兑付困难时，金融机构不得以任何形式垫资兑付。金融机构不得在表内开展资产管理业务。”

上述指导意见的监管思路可以概括为“买者自负、管者尽责”，即禁止刚性兑付，以促进金融机构管理人员“勤勉尽职”为整体策略。

在我国金融领域建立健全多层次多功能金融市场体系的指导要求，行政法中对于贷款及理财业务不同的监管思路，实际上也体现了两个业务对应的金融市场的不同层次与不同功能。

第三，业务主体不同。从银行办理业务部门的职能分工上看，现代商业银行内部必须根据各自承办业务的不同特点，化分不同的专职部门办理相应业务。

如根据《贷款通则》第42条规定：“建立和健全信贷工作岗位责任制：各级贷款管理部门应将贷款管理的每一个环节的管理责任落实到部门、岗位、个人，严格划分各级信贷工作人员的职责。”可知，银行贷款业务，必须严格划分各部门的职责、责任，也就是说，按照监管要求，银行内部必须专门划定部门办理银行贷款业务。根据《商业银行理财业务监督管理办法》第15

条规定："商业银行开展理财业务，应当确保理财业务与其他业务相分离，理财产品与其代销的金融产品相分离，理财产品之间相分离，理财业务操作与其他业务操作相分离。"可知，银行的理财业务为部门专营业务，不与其他业务相兼容。这样规定的意义在于，可以更好地防止利益冲突、降低管理成本。同时，这也使得在司法实务中区分理财投资与发放贷款行为变得非常简单，即从实际办理业务的部门可以直接作出区分，贷款业务与理财业务均为专营业务，不会存在混同的情况。

在实务中，司法机关常常以"穿透式思维"，将理财投资理解为银行变相地发放贷款，进而直接适用违法发放贷款罪。但这种粗暴的逻辑思路会使得刑法的预防作用失效，同时亦难以取得法律规范的指引性效用。

一方面，《刑法》的任务为预防和打击犯罪。从打击犯罪的角度上看，将银行的理财投资视为发放贷款进而以违法发放贷款罪来进行刑法保护除了"罚当其罪"维护罪刑法定原则的意义之外，似乎并无不妥之处，且对于用款人通过虚假材料获取投资的行为，亦可以通过骗取贷款罪来加以打击，这样看来，似乎可以更周全的保护投资者及银行的利益。

但从预防犯罪的角度上看，尤其在金融领域，少数个案判决就可以产生足够大的社会影响，起到宣示政策的作用，并通过震慑实现《刑法》的一般预防。由于违法发放贷款罪的适用主体均为银行工作人员，即金融专业人士，在他们看来发放贷款与理财投资为完全不同的概念，即隶属于银行不同种的业务，也由不同的部门专门办理。也就是说，违法发放贷款罪对银行理财部门的工作人员来说，会被当然地理解为与其业务不具有相关性，进而导致该罪名不具有充足的警示或震慑效用。且在相关判决中，司法机关往往将理财投资行为直接表述为贷款而不在文字描述上予以区分，这更加大了银行与《刑法》二者之间的隔阂，使得"银行不知道《刑法》、《刑法》不认识银行"。

背信运用受托财产罪，根据其立法本意："将金融机构违背受托义务擅自运用客户委托、信托财产和违反国家规定擅自运用公众资金的行为增加规定为犯罪。本条是针对目前金融机构委托理财和公众资金经营、管理领域出现的问题新增加的犯罪。委托理财是指委托人通过委托或者信托与受托人约定，将资金、证券等金融性资产给受托人，由受托人在一定期限内按照委托人的意愿管理，投资于证券、期货等金融市场，并按期支付给委托人一定比例收益的资产管理活动。”① 可知，该罪名在《刑法修正案（六）》新增之初，即是为了打击金融机构委托理财中出现的犯罪问题。其罪状描述本身符合银行理财业务的内在逻辑，因此通过该罪名的适用，可以对银行理财业务的工作人员起到宣示性的警示效用，增加对银行理财业务中相关犯罪问题的一般预防。

另一方面，从我国的金融体系上看，银行贷款与委托理财投资均为我国间接融资市场的重要组成部分，分别服务于我国不同资质、不同需求的用款企业。在我国多功能多层次的金融体系下，如若将银行贷款与委托理财投资均以违法发放贷款罪来规制，这意味着将理财投资视为银行贷款，将会使得银行为避免自身构成该罪，只能不断地提高理财投资的审核条件，使得本不符合贷款条件的企业，也无法通过理财投资的方式获得融资，这既不利于我国企业的发展，亦会增加用款企业为了生存而进行非法集资的风险，这与《刑法》的保护目的背道而驰。因此，笔者认为，有必要厘清背信运用受托财产罪与违法发放贷款罪之间的界限，准确适用罪名，避免一味地将违法发放贷款罪作为打击银行理财投资业务中犯罪行为的手段，发挥出背信运用受托财产罪应有的规制与预防效用。

因此，在本案中，涉案业务为A银行理财业务部发起，并作为主管部门进行审核。且本案信托贷款的资金系来自银行管理的理财产品，本质上为投资者的投资资金，无论是从资金来源还是业务主体上看，均符合银行理财的业务模式，应以背信运用受托财产罪对此进行规制。

（三）银行理财业务中的犯罪主体辨析

背信运用受托财产罪与违法发放贷款罪在主体要件中最大的不同表现为，背信运用受托财产罪为纯正的单位犯罪，只有“金融机构”才能称为该罪的适格主体，银行工作人员个人不能独立作为本罪的犯罪主体。那么在银行工作人员因个人未尽审核义务而导致投资损失的情形下，单位是否能够构成背信运用受托财产罪，可以根据以下不同的事实类型进行区分：

① 黄太云：《〈刑法修正案（六）〉的理解与适用（下）》，载《人民检察》2006年第15期。

第一种情况，银行工作人员未与用款人勾结，因为了完成业绩指标或完成领导交办的任务而未尽审核义务最终导致投资损失的情形。此时，虽然导致损失的原因是银行工作人员的个人工作问题，但该个人行为系以单位名义作出，虽然其动机可能包含获得个人绩效奖励，但不能排除其行为客观上仍是在单位整体的工作目标指引下为单位利益而行动。因此，银行工作人员的行为可以被认定为以单位名义，为单位利益而作出的单位行为，构成单位犯罪，银行工作人员个人可以作为单位犯罪的“直接责任人员”承担责任。

第二种情况，银行工作人员与用款人勾结，通过伪造授信资料的方式获得资金，并最终导致损失的情形。在这一情况下，银行亦为被欺骗者，银行工作人员的行为实际上超出银行对其的授权，因此银行自身不能构成背信运用受托财产罪。

在2018年4月27日银保监会发布《关于规范金融机构资产管理业务的指导意见》，明确金融机构资产管理类业务的“卖者尽责、买者自负”原则，禁止刚性兑付，即银行理财业务的资金风险最终的承担者在该规定出台后应为投资者而非银行或信托机构等金融机构。因此，对于此类用款人骗取理财投资的案件不宜直接适用骗取贷款罪、违法发放贷款罪等保护银行资金安全的罪名。

此时，对于银行工作人员与用款人的责任，可根据是否具有“非法占有目的”来判断，若行为人具备“非法占有目的”则可能构成三角诈骗的合同诈骗罪，其中，被欺骗者为银行，被害人为理财产品的投资者，银行工作人员与用款人为合同诈骗罪的共犯。而如果行为人不具有“非法占有目的”，则银行工作人员的这一“背信”行为不会直接构成犯罪。[①] 除非该银行为国有银行，则可能构成《刑法》第168条的“国有公司、企业、事业单位人员滥用职权罪”规定，而对于用款公司来说，则只能追究其用款合同的民事违约责任。

在本案中，福州TH房地产公司不存在提交虚假材料或其他欺骗手段骗

① 如果银行工作人员与用款人之间存在利益往来，则可能构成受贿罪或非国家工作人员受贿罪。

取理财投资，而是由于A银行的工作人员朱某基于自身的业绩压力，没有严格履行审查程序，最终导致款项无法归还。从客观上看，朱某的业绩考核正是A银行为了自身利益而设置的指标，朱某的行为可以被认定为“以A银行名义，为了A银行利益”而为，可以认定A银行为背信运用受托财产罪的犯罪主体，同时，A银行工作人员朱某作为直接负责的主管人员承担相应责任。

（四）“违背受托义务”的界定

在违法发放贷款罪中，“违反国家规定”为该罪的前置性要件。从理论上看，“违反国家规定”体现的违法性内涵是行为人违反国家对贷款工作人员实施的特别管控。贷款工作人员违反特别管控的，属于对国家意志的违反，而不是对任何个体意志的违反，正因为如此，即使违法放贷行为没有违反所在金融机构的意志，也不能免予违法评价。① 换言之，违法发放贷款罪所保护的法益实际上是国家对于贷款的管理秩序，以此罪名来保障国家对于银行资金的管理权，因此不以资金所有人（银行决策）的承诺为出罪条件。

与违法发放贷款罪不同，由于理财等资金管理类业务的开展方式更多是基于委托人的个性化需求而定，因此在此类业务中，法律更加尊重双方当事人的自身承诺。在背信运用受托财产罪的保护法益中，背信之受托义务因来源不同可分为不同类型。“违背受托义务”不仅保护法律强制性规定的义务，更多保护的是受托人与委托人之间的约定义务。因此，对于背信运用受托财产罪来说，受托人与委托人之间的约定义务直接关系到该罪的入罪与出罪。

对于“约定义务”，从民法上看，约定义务因来源不同又可分为不同类型，即法律义务与事实义务，前者源自法律行为，后者源自事实行为。在银行理财业务中，笔者认为，“受托义务”的范围除了银行作为理财管理人与投资者签订的《理财合同》这一法律义务外，银行自身对理财资金的使用等相关管理规定作为事实义务，也应属于“受托义务”的范围。原因在于，银行制定的管理制度均系按照国家对于银行的管理规定并结合本行业务情况而制定。这些管理制度的意义除了对内的管理效用外，仍起到对外的保证效用，即向监管部门及相关主体保证银行会按照自身制定的相关管理制度执行各项

---

① 黄小飞：《违法发放贷款罪的构成要件行为新诠》，载《甘肃政法大学学报》2021年第3期。

业务。在理财业务中，除非合同另有约定，否则商业银行与投资者签订的理财合同必然是在银行保证将遵循自身理财业务相关规定的前提下达成的。

因此，将银行对于理财业务的管理规定纳入银行受托义务的范围之内，从逻辑上具备合理性。进而，如果银行及其工作人员违背了银行自身关于理财业务的管理规定，将理财资金投向不符合投资条件的用款企业，符合《刑法》第185条之一“违背受托义务，擅自运用客户资金或者其他委托、信托的财产”的规定。

▷ 相关法律法规 ◁

➢ **《刑法》**（2020年修正，2021年3月1日施行）

第一百八十六条 【违法发放贷款罪】银行或者其他金融机构的工作人员违反国家规定发放贷款，数额巨大或者造成重大损失的，处五年以下有期徒刑或者拘役，并处一万元以上十万元以下罚金；数额特别巨大或者造成特别重大损失的，处五年以上有期徒刑，并处二万元以上二十万元以下罚金。

银行或者其他金融机构的工作人员违反国家规定，向关系人发放贷款的，依照前款的规定从重处罚。

单位犯前两款罪的，对单位判处罚金，并对其直接负责的主管人员和其他直接责任人员，依照前两款的规定处罚。

关系人的范围，依照《中华人民共和国商业银行法》和有关金融法规确定。

第一百八十五条之一第一款 【背信运用受托财产罪】商业银行、证券交易所、期货交易所、证券公司、期货经纪公司、保险公司或者其他金融机构，违背受托义务，擅自运用客户资金或者其他委托、信托的财产，情节严重的，对单位判处罚金，并对其直接负责的主管人员和其他直接责任人员，处三年以下有期徒刑或者拘役，并处三万元以上三十万元以下罚金；情节特别严重的，处三年以上十年以下有期徒刑，并处五万元以上五十万元以下罚金。

案例 8

背信运用受托财产罪在银行业务中的适用

一、案例

被告单位A银行B支行系A银行股份有限公司的下属分支机构。被告人C某于2018年9月16日至2021年02月25日在A银行B支行任行长，负责A银行B支行的全面工作。被告人D某于2017年8月12日至2021年02月25日在A银行B支行担任客户经理，负责开发及维护客户。

2019年初，被告人D某认识了E某，并介绍其将钱款转到A银行B支行作协定利率结构化通知存款，约定年化利率为3%。E某要求银行除给基础利息外，还要支付1%/年的贴息，被告人D某经请示被告人C某后，向被害人E某口头承诺在保证本金且保证3%年化利率的基础上额外再给1%/年的贴息。

2019年6月22日，E某前往A银行B支行签署了《存款合同》及相关附属文件，按照A银行B支行工作人员的指引开立了存款账户，并于次日向账户内转款人民币2000万元，被告人D某以办理结构化通知存款转期需要为由向E某索要了存款账户的交易密码。

被告人C某、D某为了能每年向E某支付1%的贴息，在既未通知E某也未取得其同意的情况下，二被告人商议后决定自行使用E某的存款账户交易密码将E某的存款用于购买A银行B支行代销的理财产品。2019年6月25日至2020年11月20日，被告人C某、D某擅自运用E某存款账户内资金购买A银行B支行代销的理财产品，造成E某存款账户内资金亏损人民币546.5万元，共计为A银行B支行赚取手续费385,353.56元。案发后，被告人C某、D某返还被害人E某钱款共计28万余元。后XX市人民检察院以被告单位A银行B支行、C某、D某犯背信运用受托财产罪，向XX市人民法院提起公诉。

XX市人民法院经审理后认为，A银行B支行作为专业的金融机构，违背受托义务，擅自运用客户资金，情节特别严重，其行为侵犯了国家的金融管理秩序和客户的合法权益，构成背信运用受托财产罪。被告C某作为A银行B支行直接负责的主管人员，被告D某作为A银行B支行的其他责任人员，其行为均已构成背信运用受托财产罪，依法均应予惩处。被告D某系主动投案，并如实供述犯罪事实，构成自首，依法可予从轻处罚。

二、焦点问题

1. 本案中的犯罪主体，究竟是C某与D某，还是A银行B支行？

2. 关于A银行B支行在本案中的情况，是否可以认定属于违背受托义务？

3. 本案中的情节严重与情节特别严重，分别应当如何认定？

三、分析

本案涉及的主要焦点法律问题是：背信运用受托财产罪在实务中的认定适用难点问题。下面，笔者试图以“A银行案”的案情及裁判要旨为基础，从“A银行案”中的焦点问题出发，结合当前银行行政监管思路，阐述“背信运用受托财产罪”在银行业务犯罪中的适用界限。

（一）本案中的犯罪主体，究竟是C某与D某，还是A银行B支行？

在“A银行案”中，控辩双方最大的争议焦点就在于本案中的犯罪主体，究竟是C某与D某，还是A银行B支行？如果犯罪主体是C某与D某个人，则不符合背信运用受托财产罪的主体要件，从而就不能以“背信运用受托财产罪”对二被告人罪科刑。因此，这里就衍生出关于C某与D某的涉案行为，究竟是个人行为，还是A银行B支行的单位行为的理解问题。笔者认为，在现有司法实务中，存在以下几个认定标准。

1. 行为人 C 某与 D 某是否属于 A 银行 B 支行的直接负责主管人员或其他直接责任人员？

直接负责的主管人员，是指涉案单位内对实施单位犯罪起主要决策作用的主管人员。一般为涉案单位组织中的领导者、负责人，他们是单位意志的表达者和体现者。其他直接责任人员，是指在直接负责的主管人员的授意、指挥、组织下，积极参与实施单位犯罪行为的单位内部人员，他们如未经授权或事后许可，通常不能直接代表单位的意志。在本案中，C 某在从事涉案行为时的职务是 A 银行 B 支行的行长，负责 A 银行 B 支行的全面工作，其毫无疑问属于 A 银行 B 支行的领导者、负责人，系 A 银行 B 支行单位意志的表达者和体现者；而 D 某在从事涉案行为时的职务是 A 银行 B 支行的客户经理，系 C 某的下属，在工作上听命于 C 某，并按照 C 某的命令、授意、指挥从事职务行为。因此，本案中的 C 某，符合直接负责主管人员的标准，属于 A 银行 B 支行的直接负责主管人员；本案中的 D 某，符合其他直接责任人员的标准，属于本案中的其他直接责任人员。

2. C 某与 D 某的涉案行为，是否系以 A 银行 B 支行的单位意志实施的行为？

要认定 C 某与 D 某的涉案行为构成 A 银行 B 支行的单位犯罪，必须要证明该行为是在 A 银行 B 支行单位意志支配下，根据 A 银行 B 支行单位意志实施的，体现的是 A 银行 B 支行的单位意志。就是说 C 某与 D 某的犯罪行为须经 A 银行 B 支行集体决策或者由 A 银行 B 支行负责人决定实施。因为无论由集体决策或者由单位负责人决定，均是单位意志的体现方式。集体决策是指经过根据法律或者单位章程规定，有权代表单位思想和行为的机构研究决定，如职代会、股东大会、董事会讨论决定等。负责人决定是指经过根据法律或者单位章程规定，有权代表单位思想和行为的领导个人即代表者决定，如厂长、董事长、经理、行政长官决定等。在本案中，A 银行 B 支行系商业银行的分支机构，并没有独立的职代会、股东大会、董事会等权力决策机构，其实行的是在总行授权下的行长负责制，即 A 银行 B 支行若要实施某个行为，无需（事实上也无法）经过集体决策，只需由负责人（行长 C 某）决定，即可体现单位意志，构成单位行为。由此可见，C 某与 D 某的涉案行为虽然没有经过集体决策，但却是由 A 银行 B 支行的负责人，行长 C 某决定后实施，应当认定系以 A 银行 B 支行的单位意志所实施的行为。

值得注意的是，如果本案中的 D 某系在没有得到 C 某授权的情况下，基于自己的意志实施的行为，虽然仍是以 A 银行 B 支行的名义和为了 A 银行 B 支行的利益而实施了同样的犯罪行为，那也只能认定为个人犯罪而非 A 银行 B 支行的单位犯罪。当然，如果 D 某实施犯罪行为后得到了单位负责人 C 某的同意，则仍应认定为 A 银行 B 支行的单位犯罪。法院在“刘某挪用公款罪案”［甘肃省永昌县人民法院刑事判决书，（2017）甘 0321 刑初 17 号］判决书中指出：“……如果挪用行为是单位决策的，属于背信运用受托财产罪；如果是个别人利用职务之便的行为，构成挪用公款罪……”（笔者注：该案中行为人系国家工作人员，故构成挪用公款罪；倘若行为人系非国家工作人员的，则构成挪用资金罪）。

3. C 某与 D 某的涉案行为所得利益，是否归 A 银行 B 支行所有？

在本案中，案涉挪用存款购买理财产品的行为系经过 A 银行 B 支行负责人 C 某的授意，并由客户经理 D 某实施，该行为属于职务行为，且仍是以存款人 E 某的名义购买的 A 银行 B 支行代销的理财产品，其所得收益（代销手续费）进了 A 银行 B 支行的业务收入账户，在会计报表上也被计入 A 银行 B 支行的中间业务收入科目，自然也是属于 A 银行 B 支行所有。辽宁省大连市中级人民法院就曾经在“兴证期货有限公司大连营业部等背信运用受托财产案”［（2016）辽 02 刑初 12 号］判决书中指出：“……被告人作为金融机构负责人，实施本罪中的构成要件行为，收取的手续费亦归金融机构所有，构成单位犯罪……”

综上，本案中 C 某与 D 某的涉案行为所产生的利益，应当认定为归 A 银行 B 支行单位所有，该行为亦构成单位犯罪。

（二）关于 A 银行 B 支行在本案中的情况，是否可以认定属于违背受托义务？

根据法律、行政法规的规定，金融机构不得未经客户同意擅自进行合同约定以外的交易。客户与金融机构签订了相关合同后，客户即与金融机构形成委托管理资金的法律关系，金融机构应当遵循诚实信用原则，执行客户的委托，维护客户的合法权益，不得向客户作获利保证，亦不得未经客户委托或者违背客户委托内容，擅自进行合同约定以外的交易。笔者认为，在本案中，A 银行 B 支行的负责人 C 某和工作人员 D 某将客户 E 某存放的存款资金擅自挪用去购买由 A 银行 B 支行代销的理财产品的行为，已足以认定属于未经客户委托或者违背客户委托内容，擅自运用其资产进行合同约定以外的交易，A 银行 B 支行应当构成违背受托义务，从而构成《刑法》第 185 条之一规定的背信运用受托财产罪。

本案中要判断 A 银行 B 支行是否违背受托义务，首先要了解其义务究竟有哪些，其次是判断建立完善的风控制度及风险防范措施是否能成为认定其构成违背受托义务的阻却事项。

1. 本案中 A 银行 B 支行的法定义务与合同约定义务

（1）法定义务

①法定义务的“法”包括法律、行政法规、部门规章

所谓违背受托义务，首先包括受托人违背其在法律、行政法规、部门规章规定项下的法定义务。在本案中，就包括 A 银行 B 支行在《商业银行法》《银行业监督管理法》《中国人民银行、中国银行保险监督管理委员会、中国证券监督管理委员会、国家外汇管理局关于规范金融机构资产管理业务的指导意见》等规定项下的义务。

②实践中银行法定义务的适用情形

司法实践中，银行工作人员基于存款规模指标、绩效考核等压力，可能会以通过许诺高额回报的方式与客户签订诸如“结构化存款”“协定利率存款”等合同来吸收客户资金，而客户也对该笔存款资金进入哪个账户，计入哪个会计科目，银行如何使用该笔存款资金不管不问，甚至明知银行工作人员系在进行违规违法的资金操作也不理会，只要其能返还本金和给予高额回报。从合同上看，银行并没有违背客户与其的约定，但是由于违反了法定义务，一样构成“违背受托义务”。法定义务之适用主要是针对上述情形，防止银行等金融机构利用约定义务逃避法律规定。

③法定义务的来源

银行作为自负盈亏的民商事主体，与自然人、公司等其他民事主体具有

相同的民商事地位。但银行作为国家金融秩序稳定、政策的承载及执行机构，享有国家赋予的金融牌照经营特权，相应地，其也应当履行在法律及监管政策之下的法定义务。而就当前的法律法规及监管规定来看，并未有明确而全面的法定义务条款供裁判者使用，尤其在具体业务中，更多时候则是依据一些原则性条款和“实质正义”的标准来赋予金融机构的具体法定义务。比如，前文提到的《商业银行法》第6条规定商业银行应当保障存款人的合法权益不受任何单位和个人的侵犯；第7条规定商业银行开展信贷业务，应当严格审查借款人的资信，实行担保，保障按期收回贷款；第8条规定商业银行开展业务，应当遵守法律、行政法规的有关规定，不得损害国家利益、社会公共利益；等等。

（2）合同约定义务

银行的合同约定义务，指的是银行在办理业务过程中，通过各种合同、协议、业务单证，以及其他方式与相对方约定的义务，既包括明确约定的义务，也包括在合同履行及终止之后体现的附随义务。按照具体业务类型划分，可以分为以下几种。

①负债业务项下的合同义务

主要为存款业务。具体义务有：保障存款安全，如实披露本金及利息等信息，保护存款人的信息，根据存款期限以及存款人的要求进行存款兑付等。以本案为例，A银行B支行与客户E某之间发生了存款业务关系，存款业务属于银行的负债业务，即将E某交付的资金存入存款账户，属于A银行B支行负债业务项下的合同义务。但实际上A银行B支行并没有将E某的资金存入存款账户，而是将之挪用去购买其代销的理财产品，这显然也违背了合同义务。

②资产业务项下的合同义务

主要包括：各类贷款，票据贴现，同业拆借，短期融资券、中期票据等债权类融资工具业务等。具体义务有：严格审查借款人的资信，实行担保，按约定发放贷款，保障按期收回贷款等。

③中间业务项下的合同义务

主要包括：各种手续费，各类金融产品销售，各类托管、监管、代管业务，银团贷款牵头行，保函、金融票证承兑，各类财务顾问、融资顾问业务等。具体义务有：如实披露信息义务，适当性义务，审慎注意提醒义务等。

④机构合作业务项下的合同义务

主要包括：银证合作，银保合作，银期合作，银基合作，银信合作，银租合作等。具体义务有：保障合作方资金安全义务、对合作方的监督管理义务等。

2. 常见的银行受托义务

（1）银行在传统存贷款业务项下的受托义务

根据我国《商业银行法》《银行业监督管理法》《中国人民银行、中国银行保险监督管理委员会、中国证券监督管理委员会、国家外汇管理局关于规范金融机构资产管理业务的指导意见》等法律法规、部门规章等文件的相关规定，银行可以接受他人委托，以其专业知识技能，为资产权益人的利益最大化，管理委托人资产，从事各种投资活动，银行按照法律规定和约定获取佣金，投资风险由资产所有人承受。为了确保投资人的权益得到保护，防止投资人的资产在法定风险以外受到损害，法律对银行等金融机构规定了较为严格的管理及风控义务，要求金融机构必须在法律法规规定的范围内，依照法定方式运用委托人的财产。

（2）银行在新型业务模式中的受托义务

近年来，由于监管部门一直采取总量控制的方式管理银行信贷投放（其中地方政府融资平台、房地产企业贷款等最为受限），部分地方性银行为获取更高的利息收益，对于不符合贷款条件的企业，往往会采用变通的办法，通过与信托公司、证券公司、基金公司等合作，使用理财资金与上述机构设立的资产管理计划对接，间接向用款企业投放资金，以此满足企业的用款需求。这种新型业务模式就是所谓的“影子银行”，可以籍此将银行的信贷资金转化为同业金融产品的投资资金。在这一业务过程中出现的银行工作人员未尽审核义务最终导致资金无法收回的情形，在司法实务当中如何认定，仍存在较大争议。实践中一般认为，银行需同时满足履行法定义务与合同约定义务才构成完整的履行受托义务。

3. 倘若本案中的A银行B支行已存在完善的风控制度及风险防范措施，是否还能认定其构成违背受托义务？

从现有司法实践的观点来看，判断银行等金融机构是否尽到受托义务的关键，并非是其有无完善的风险防范措施，而是其在结果上是否阻断了法条所要规制的背信行为的发生。在本案中，即使A银行B支行已经进行了风险防范的设计，但只要最终仍然发生了客户E某的受托财产被背信运用的结果，依然应当认定是A银行B支行没有尽到相关的义务，从而被认定为构成背信运用受托财产罪。

4. 结论

在本案中，A银行B支行与客户E某之间发生了存款业务关系，其实就是构建了一种委托关系，A银行B支行受E某委托，应当将其交付的资金存入存款账户，这是由《商业银行法》《银行业监督管理法》等法律规定的，也是A银行B支行的法定义务。但实际上A银行B支行并没有将E某的资金存入存款账户，而是将之挪用去购买其代销的理财产品，这显然就已经违背了法定义务。另外，在前文提到的“兴证期货有限公司大连营业部等背信运用受托财产案”中，被告人认为：现有客观证据足以说明高某清楚并同意陈某为其操作账户，高某随时可以查看自己账户的交易情况，依照常理，对这样一大笔资金交给别人运作，不查看可能性非常小，其有股票操作经验，对于期货账户的性质应当非常清楚，即使不十分清楚，开户后公司电话回访其本人也会清楚认识到期货账户的性质，所以对保本一说客观上根本不会相信。但是在该案中，法院在指出“不得向客户作获利保证”后走向了另一条路径——仍然按照原先客户与金融机构之间的合同，通过合同义务的路径来认定金融机构违背受托义务。

综上，本案中被告人C某和D某身为A银行B支行的负责人和案涉业务的经办人员，违反规定与约定擅自运用客户财产的行为，背离了受托义务，使客户E某的财产陷入极大风险，动摇了社会公众对于银行信用的信任感，对金融管理秩序以及金融市场的健康发展造成严重危害。依法应当认定A银行B支行违背了受托义务，该行为应当予以惩治。

（三）本案中的情节严重与情节特别严重，分别应当如何认定？

本案中，法院认为，A 银行 B 支行作为专业的金融机构，违背受托义务，擅自运用客户资金，已达到情节特别严重，对其直接负责的主管人员和其他直接责任人员，应处 3 年以上 10 年以下有期徒刑。那么问题来了，《刑法》在背信运用受托财产罪中对于犯罪单位的直接负责主管人员和其他直接责任人员，共规定了两档法定刑：情节严重的，处 3 年以下有期徒刑或者拘役，并处 3 万元以上 30 万元以下罚金；情节特别严重的，处 3 年以上 10 年以下有期徒刑，并处 5 万元以上 50 万元以下罚金。那情节严重与情节特别严重的认定标准又分别是什么呢？

1. 情节严重的标准

在司法实践中，对情节严重的判定标准，相对比较简单。因为根据法条文义，构成背信运用受托财产罪必须达到情节严重的程度，即情节严重是该罪的入罪条件之一。《最高人民检察院、公安部关于公安机关管辖的刑事案件立案追诉标准的规定（二）》第 35 条规定："商业银行、证券交易所、期货交易所、证券公司、期货公司、保险公司或者其他金融机构，违背受托义务，擅自运用客户资金或者其他委托、信托的财产，涉嫌下列情形之一的，应予立案追诉：（一）擅自运用客户资金或者其他委托、信托的财产数额在三十万元以上的；（二）虽未达到上述数额标准，但多次擅自运用客户资金或者其他委托、信托的财产，或者擅自运用多个客户资金或者其他委托、信托的财产的；（三）其他情节严重的情形。"这里共通过两个层面界定了情节严重的划分标准：一是从擅自运用客户资金或其他财产金额层面来划分，达到 30 万元以上的，即达到情节严重的标准；二是从擅自运用客户资金或其他财产的次数层面来划分，这里虽未明确界定具体次数，但可以根据体系解释的方法论证理解，这里的"多次"一般可推定为 3 次及以上。另外还规定了一个兜底条款，即在该罪名的具体适用上，赋予了司法机关更大的自由裁量权，司法机关可根据不同地区、不同主体以及不同情节（比如受托财产受损程度、运用受托资金的时间跨度长短、背信运用受托财产的手段、财产使用方偿付能力等）自行判断适用。由此可见，《刑法》将背信运用受托财产罪规定在第三章“破坏社会主义市场经济秩序罪”第四节“破坏金融管理秩序罪”中，所侧重保护的法益是国家的金融管理秩序，因此其“情节严重”并不一定是指给委托人带来重大的财产损失，在实践中，擅自运用客户资金和其他财产的金额，不法行为的次数等，均会作为认定构成情节严重与情节特别严重的标准。

2. 情节特别严重的标准

而对情节特别严重的判定标准，因现有司法解释并无明确规定，各地司法机关可根据所在地区不同、案涉主体不同以及涉案情节不同而进行自行解释、适用，因此在司法实践中往往会引发更大争议。但无论如何，亦均应在与情节严重判定标准相同的两个层面上进行解释与适用，即情节特别严重的判定标准，亦应从擅自运用客户资金或其他财产的金额、擅自运用客户资金或其他财产的次数这两个层面来判定，再加上一个兜底条款，由司法机关可根据不同地区、不同主体以及不同情节（比如受托财产受损程度、运用受托资金的时间跨度长短、背信运用受托财产的手段、财产使用方偿付能力等）自行判断适用。

3. 本案中对于C某、D某犯罪情节的认定

在本案中，被告人C某、D某多次擅自运用E某存款账户内资金购买A银行B支行代销的理财产品，造成E某存款账户内资金亏损人民币546.5万元，法院认为，无论是按照违法行为的次数、擅自运用客户资金的金额还是造成受托财产损害的数额，都已达到情节特别严重的标准。由此可见，在司法实践中，除了运用受托财产的资金数额大小和次数多寡这两大因素外，其他的考量因素还包括：运用受托资金的时间跨度长短（反映资金使用风险大小）、背信运用受托财产的手段（如签订虚假合同）、财产使用方偿付能力、是否造成实际经济损失及特别重大的社会危害等多种因素。

4. 倘若C某、D某的行为没有造成客户E某的财产受损的，是否还能认定构成犯罪，构成情节特别严重？

笔者认为，背信运用受托财产罪的犯罪情节是否严重的判定核心在于擅自运用客户资金或者其他委托、信托的财产的金额以及次数多寡，再结合客

户资金或其他财产是否遭致重大损失或者说是否有遭受重大损失的危险等因素来综合判断。只要行为人作出了擅自运用客户资金或其他财产的行为，理论上就已经使该受托财产处于受损的危险之下，同时也已经侵犯了国家金融管理秩序，造成法益侵害。在此前提下，即使受托财产没有受损，亦应认定行为人构成刑法上的背信运用受托财产罪，倘若擅自运用的财产金额足够大，或者次数足够多，或者造成其他严重社会危害后果，依然有可能被认定为构成情节特别严重。

▷ 相关法律法规 ◁

➤ **《刑法》**（中华人民共和国主席令第66号，2021年3月1日起实施，历经14次修订）

第一百八十五条之一第一款 商业银行、证券交易所、期货交易所、证券公司、期货经纪公司、保险公司或者其他金融机构，违背受托义务，擅自运用客户资金或者其他委托、信托的财产，情节严重的，对单位判处罚金，并对其直接负责的主管人员和其他直接责任人员，处三年以下有期徒刑或者拘役，并处三万元以上三十万元以下罚金；情节特别严重的，处三年以上十年以下有期徒刑，并处五万元以上五十万元以下罚金。

第三十条 公司、企业、事业单位、机关、团体实施的危害社会的行为，法律规定为单位犯罪的，应当负刑事责任。

第三十一条 单位犯罪的，对单位判处罚金，并对其直接负责的主管人员和其他直接责任人员判处刑罚。本法分则和其他法律另有规定的，依照规定。

➤ **《商业银行法》**（中华人民共和国主席令第34号，2015年10月1日起实施，历经2003、2015年2次修订）

第五条 商业银行与客户的业务往来，应当遵循平等、自愿、公平和诚实信用的原则。

第六条 商业银行应当保障存款人的合法权益不受任何单位和个人的侵犯。

第八条 商业银行开展业务，应当遵守法律、行政法规的有关规定，不得损害国家利益、社会公共利益。

第十条 商业银行依法接受国务院银行业监督管理机构的监督管理，但法律规定其有关业务接受其他监督管理部门或者机构监督管理的，依照其规定。

第四十三条 商业银行在中华人民共和国境内不得从事信托投资和证券经营业务，不得向非自用不动产投资或者向非银行金融机构和企业投资，但国家另有规定的除外。

➢ **《银行业监督管理法》**（中华人民共和国主席令第58号，2007年01月01日起实施）

第四十一条 经国务院银行业监督管理机构或者其省一级派出机构负责人批准，银行业监督管理机构有权查询涉嫌金融违法的银行业金融机构及其工作人员以及关联行为人的账户；对涉嫌转移或者隐匿违法资金的，经银行业监督管理机构负责人批准，可以申请司法机关予以冻结。

第四十四条 擅自设立银行业金融机构或者非法从事银行业金融机构的业务活动的，由国务院银行业监督管理机构予以取缔；构成犯罪的，依法追究刑事责任；尚不构成犯罪的，由国务院银行业监督管理机构没收违法所得，违法所得五十万元以上的，并处违法所得一倍以上五倍以下罚款；没有违法所得或者违法所得不足五十万元的，处五十万元以上二百万元以下罚款。

第四十五条 银行业金融机构有下列情形之一，由国务院银行业监督管理机构责令改正，有违法所得的，没收违法所得，违法所得五十万元以上的，并处违法所得一倍以上五倍以下罚款；没有违法所得或者违法所得不足五十万元的，处五十万元以上二百万元以下罚款；情节特别严重或者逾期不改正的，可以责令停业整顿或者吊销其经营许可证；构成犯罪的，依法追究刑事责任：（一）未经批准设立分支机构的；（二）未经批准变更、终止的；（三）违反规定从事未经批准或者未备案的业务活动的；（四）违反规定提高或者降低存款利率、贷款利率的。

➢ **《中国人民银行、中国银行保险监督管理委员会、中国证券监督管理委员会、国家外汇管理局关于规范金融机构资产管理业务的指导意见》**（银发〔2018〕106号，2018年04月27日起施行，以下简称"《资管意见》"）①

➢ **《最高人民检察院、公安部关于公安机关管辖的刑事案件立案追诉标准的规定（二）》**（公通字〔2022〕12号，自2022年5月15日起施行）

第三十五条　〔背信运用受托财产案（刑法第一百八十五条之一第一款）〕商业银行、证券交易所、期货交易所、证券公司、期货公司、保险公司或者其他金融机构，违背受托义务，擅自运用客户资金或者其他委托、信托的财产，涉嫌下列情形之一的，应予立案追诉：（一）擅自运用客户资金或者其他委托、信托的财产数额在三十万元以上的；（二）虽未达到上述数额标准，但多次擅自运用客户资金或者其他委托、信托的财产，或者擅自运用多个客户资金或者其他委托、信托的财产的；（三）其他情节严重的情形。

➢ **《最高人民法院关于审理单位犯罪案件具体应用法律有关问题的解释》**（法释［一九九九］十四号，自1999年7月3日起施行）

第二条　个人为进行违法犯罪活动而设立的公司、企业、事业单位实施犯罪的，或者公司、企业、事业单位设立后，以实施犯罪为主要活动的，不以单位犯罪论处。

---

① 全文共31条，包含了金融机构从事资产管理业务主要遵循的原则、资产管理产品的类型、募集对象、运用受托资金进行投资的范围与风险管理制度、资产管理产品的信息披露制度、对金融机构运用受托资金进行关联交易的限制、违规责任等内容，均有详细的阐述。

第四讲

非法吸收公众存款罪

案例 9

银行工作人员“飞单”涉嫌非法吸收公众存款罪

一、案情简介

2011年9月至10月，被告人王某某、李某分别受聘担任北京某资产管理有限公司总经理、副总经理，被告人王某某负责筹建有限合伙企业并募集资金的相关事宜，被告人李某负责某资产管理公司相关理财产品的营销业务。同年10月至12月，被告人王某某等人先后在某资产管理公司负责人魏某某的安排下注册成立了北京某甲财富投资中心、北京某乙投资中心和北京某丙投资中心三家有限合伙企业，以吸收有限合伙人出资入伙的名义分别对商丘市某典当有限责任公司、郑州某汽车销售服务有限公司、河南省某汽车销售有限公司以及河南某文化娱乐投资有限公司某国际商务俱乐部四个投资项目进行股权投资。被告人王某某负责制定上述投资项目的入伙协议书样本等材料，还联系了某投资担保有限公司对上述四个项目各名出资人的本金和约定收益进行担保。为推销上述四个股权投资项目，被告人李某于2011年11月在网上结识了被告人张某，被告人王某某、李某与张某进行商议后，签订了《居间协议》，约定由张某负责在上海为上述四个股权投资项目募集资金。被告人张某遂联系华夏某某股份有限公司个人客户部经理濮某某，被告人濮某某在未经单位审批的情况下，私自在办公场所，以电话联系、现场宣传等方式向众多银行客户等不特定人员推销上述四个股权投资项目，并承诺每年给予11%—13%的高额固定回报。2011年11月至2012年3月间，被告人王某某、李某、张某、濮某某通过上述方式，在上海市先后招揽100余名投资人，非法募集资金达人民币1.105亿元（以下币种均为人民币）。王某某、李某、张某、濮某某个人从中分别非法获利123万余元、119万余元、202万余元、186万余元。

判决结果。一审法院认为：被告人王某某、李某、濮某某、张某的行为均已构成非法吸收公众存款罪，且属于数额巨大。被告人濮某某、张某在接到公安机关电话通知后主动到案，并如实供述基本犯罪事实，具有自首情节，依法可以从轻处罚。被告人张某、李某到案后协助公安机关抓获同案犯，具有立功表现，依法可以从轻处罚。被告人王某某、李某到案后如实供述罪行，依法予以从轻处罚。据此，依照《刑法》第176条第1款，第25条第1款，第67条第1款、第3款，第68条，第52条，第53条，第64条及《最高人民法院关于处理自首和立功具体应用法律若干问题的解释》第5条之规定，以非法吸收公众存款罪分别判处王某某有期徒刑6年6个月，并处罚金人民币10万元；判处李某有期徒刑5年，并处罚金人民币9万元；判处濮某某有期徒刑4年9个月，并处罚金人民币9万元；判处张某有期徒刑4年，并处罚金人民币9万元；被告人的违法所得予以追缴并发还出资人。

宣判后，李某、濮某某、张某皆以量刑过重为由提起上诉。

二审法院认为：上诉人李某、濮某某、张某与原审被告人王某某等结伙，通过公开宣传并承诺高额回报的方式向众多社会不特定对象吸收资金共计1.1亿余元，数额巨大，其行为均已构成非法吸收公众存款罪，依法应予惩处。原审判决认定事实清楚，证据确实、充分，审判程序合法。原审法院考虑到王某某、李某如实供述罪行，李某具有立功情节，濮某某系自首且退赔部分违法所得等，已对王某某、李某、濮某某三人从轻处罚，现王某某和李某的辩护人、濮某某及其辩护人均要求进一步从轻处罚，法院不予准许。上诉人张某系自首，又有立功表现，还在二审审理过程中在家属的帮助下退赔全部违法所得，确具悔罪表现，法院依法对张某从轻处罚，并适用缓刑。

二、焦点问题

司法部门依法处理了银行工作人员在销售理财产品过程中的部分“飞

单”事件，但对于该类案件还是存在以下问题：

问题一，对于“飞单”行为，是由银行行业内部进行规制还是构成犯罪？

问题二，银行哪些参与“飞单”的工作人员涉嫌犯罪？

问题三，“飞单”行为涉嫌非法吸收公众存款罪还是集资诈骗罪？

问题四，银行理财“飞单”行为有无可能涉及其他罪名？

三、案件评析

本案中，各行为人在并未得到相关部门审核批准的情况下，通过向社会不特定对象公开宣传的方式，以每年11%—13%的固定高额回报为诱饵，向社会公众募集资金，该行为符合非法吸收公众存款罪的构成要件。濮某某等人作为本案银行销售环节的工作人员，辩称其是在确认产品有担保方，且各种法律文件、手续健全的情况下，才决定代销，应当由银行行业内部进行规制不构成犯罪。但人民法院认为，作为银行或专业金融从业人员，理应知道正规、合法的理财产品所涉及的法律规定，并予以遵守，最终在上海的银行销售工作人员也构成共同犯罪。

（一）对于“飞单”行为，是由银行行业内部进行规制还是构成犯罪？

银行理财“飞单”行为构成刑事犯罪。从2011年华夏银行“飞单”案开始，理财产品“飞单”便引起了社会的广泛关注。近年来，理财产品“飞单”案件频发，平安银行、中国农业银行、广发银行等多家金融机构因销售”飞单”受到监管部门的处罚，但却依旧屡禁不止，而最终将“飞单”推向风口浪尖的则是被称为北京历史上最大的非法集资案的“华融普银案”，该案自2012年10月在北京市朝阳区公安分局立案至2014年6月，仅仅一年半的时间，华融普银投资基金（北京）有限公司便在社会上非法募集资金高达39亿元人民币，涉及投资人3223名。而在本案背后，更是不乏中国工商银行、兴业银行、平安银行、中国建设银行等多家商业银行及其他金融机构约5000余名理财经理参与“飞单”。而在本文上述案例中，各行为人在并未得到相关部门审核批准的情况下，通过向社会不特定对象公开宣传的方式，以每年 11%—13% 的固定高额回报为诱饵，向社会公众募集资金，该行为完全符合非法吸收公众存款罪的构成要件。

银行工作人员作为“飞单”行为的发生不可或缺的关键一环，比如上述案例中的濮某某，作为华夏某某股份有限公司个人客户部经理，利用其岗位带来的便利性，在办公场所，用电话联系、现场宣传等方式向银行客户宣传第三方理财产品，在整个环节中起着不可替代的作用，同案 4 个行为人也是在短短几个月的时间内便募集到了一个多亿的资金，各自获利数百万元，社会影响恶劣。为遏制“飞单”行为的发生，银行通过建立内部制度进行防范和规制是必要的，但鉴于“飞单”行为产生的巨大社会危害性，对于此类行为仅通过银行行业内部规制是远远不够的。因此，明确理财产品“飞单”的刑事责任，对于规制“飞单”行为相当具有必要性。

“飞单”行为的发生是银行工作人员充分利用了银行的信用和形象，只因其有银行工作人员的身份才能够取得投资者的信任，在“飞单”行为下，一旦真正的销售主体出现经济问题，导致“飞单”下的产品无法兑付，具有赔偿能力的银行往往会成为主要诉讼对象。被害人在遭受损失时，会在第一时间以职务行为、表见代理等为由将银行作为追索对象，认为应当由银行对其损失承担全部责任，从而使得银行具有不断被卷入诉讼的风险，或造成被害人聚众前往银行进行维权，造成银行日常经营、管理秩序的混乱。

同时，对于被害人而言，用于购买理财产品的资金很多时候是其家里大部分的存款资金，甚至在高额回报的诱导下还会通过向身边的亲戚、朋友等各种渠道筹集资金用于购买理财产品。在“飞单”下购买的产品一旦无法按约兑付，将对被害人家庭以及其资金筹集背后的家庭带来毁灭性的影响。而在被害人的损失未能及时得到追回的情况下，以集体信访、集体维权等极端的方式维护自身的权益，将给社会的稳定造成严重不利影响。因此，对于银行理财“飞单”行为，只要行为人符合刑事犯罪构成要件的，均应当以刑事犯罪进行规制。

（二）银行哪些参与“飞单”的工作人员涉嫌犯罪?

“飞单”行为的实施人员大都是银行的客户经理，其是银行销售理财的主要人员。例如，本案中的被告人濮某某便为华夏某某股份有限公司的个人客户部经理。但银行内部的银行业务主管以及非现金的银行柜员，甚至是可以利用其工作便利的现金柜员，都是可以以银行为依托实施“飞单”的人员。同时，因银行的客户经理本身就是一种流动性较高的职业，现在已经发生的大量的案例显示，不仅仅是银行在职的客户经理，还包括从岗位离职后待岗抑或已跳槽到其他单位的客户经理，由于他们在银行工作过程中积累了丰厚、优质的客户资源，因此依旧可以利用客户对银行的信任，在客户不知他们已经不在银行工作的情况下，仍然以银行为依托销售理财产品，实施“飞单”行为。

除了上述情况以外，还有一些银行是经过银行内部高层管理人员决策与第三方公司进行业务合作，由银行的全体员工代其销售不符合规范的理财产品以达到获取巨大经济利益的目的，在这种情况下，银行高层管理决策人员同样也系“飞单”的行为主体。

（三）“飞单”行为涉嫌非法吸收公众存款罪还是集资诈骗罪？

银行“飞单”行为符合非法吸收公众存款罪的构成要件。

1. 行为主体

关于实施“飞单”行为而构成非法吸收公众存款罪的主体在上文中已阐明，此处不再进行赘述。

2. 主观方面

银行工作人员作为银行理财“飞单”的行为人，只要主观上明知其向银行客户也就是投资者推荐的理财产品不是银行正规发售或代销，而是其他第三方公司没有经过报批而私自发售，具有高风险的理财产品，并且可能使投资者的权益遭受损害的情况下，银行工作人员为获取第三方公司的高额提成，利用投资者对银行的信任，仍然对客户隐瞒真相、采取欺骗手段，并且以高额回报为诱饵，让投资者购买其推荐的相关理财产品。在这种情况下，银行工作人员主观上是具有吸收银行客户资金，破坏金融管理秩序的犯罪故意。本案中，濮某某作为银行工作人员，主观上明知其向客户所推荐的理财产品并非本银行正规发售或代销，而是由北京某甲财富投资中心、北京某乙投资中心和北京某丙投资中心，分别以商丘市某典当有限责任公司、郑州某汽车销售服务有限公司、河南省某汽车销售有限公司以及河南某文化娱乐投资有限公司某国际商务俱乐部四个投资项目吸收有限合伙人的名义而设立，但其为获取高额提成，仍意图向众多银行客户推荐购买该项目。

3. 犯罪客体

非法吸收公众存款罪规定于《刑法》第三章破坏社会主义市场经济秩序罪第四节破坏金融管理秩序罪中，银行工作人员在销售理财产品过程中的“飞单”行为就是将本不属于银行发售或代销的理财产品，以银行的名义进行对外销售，而其收取的投资者的资金却全部转入第三方账户，该行为严重破坏了金融管理秩序。

4. 客观方面

（1）其他第三方机构未经有关部门批准，以名为销售理财产品实为融资的方式吸收公众存款，其本身就不具有合法性。在银行工作人员销售理财产品的“飞单”行为中，投资者实际上往往是基于对银行具有较高的信任度，认为银行工作人员销售的产品就是银行内部发行的，银行本身的风险防控能力及承受能力都比其他第三方机构强，而进行购买投资。

在销售上述理财产品的过程中，第三方机构通常都会印制大量的宣传单、宣传册，用以向投资人介绍理财产品，高回报、低风险往往是其宣传的重点。而银行“飞单”行为人，实际上就是借用了自己是银行工作人员的身份，利用投资者对银行本身的充分信赖，诱使投资者购买了表面上看似属于银行，实质上是由第三方理财机构销售的理财产品。大量案例显示，在这个过程中，银行理财产品的销售人员会通过各种方式掌握到投资人的联系方式，通过电话、微信等，向投资人发送相关产品信息。而这些产品信息中通常都包含了对投资人的承诺，比如在一定期限内归还本金，取得高于银行理财产品的收益等。在本案中，濮某某的犯罪行为表现为在未经单位审批的情况下，私自在办公场所，以电话联系、现场宣传等方式向众多银行客户等不特定人员推销案涉4个股权投资项目。

（2）非法吸收公众存款罪要求行为人必须通过一定的方式向社会不特定对象公开宣传，具有公开性。对于公开性的理解，相关司法解释已经明确，只要通过适当的方式让不特定的人知晓即可，并不需要有大张旗鼓地宣传的行为。公众存款是指投资主体为不特定的人投资的资金，如果投资资金仅为少数特定人或限制在特定单位内部人员投资的资金，则不属于公众存款。本案中，濮某某的犯罪行为发生在银行办公场所，银行系对社会公众公开开放，其客户属于社会不特定对象，满足非法吸收公众存款罪所要求的公开性及不特定性。

在实际案例中，有部分银行“飞单”案件涉及的购买理财产品的投资人系银行划分得比较特定的投资人群体，看似面向特定人群。比如有一些理财产品专门针对银行某一部分高净值的投资人。对于这种情况是不是不符合非法吸收公众存款罪要求的吸收不特定对象的资金？对于此类案件，根据张明楷教授的观点，关于不特定对象应当从两个方面进行理解：一方面，投资者与吸收者之间无特定联系。如若投资者与吸收者之间系亲朋好友关系的，则不构成非法吸收公众存款罪，在单位内部进行集资的，若投资者与吸收者构成特定关系的，亦不成立本罪；另一方面，投资者人数随时都有可能增加。因此，即使银行工作人员一开始将销售目标确定在银行某一部分的高净值客户中，但如果其在销售过程中有其他更多的不特定的优质客户加入，同时银行工作人员在适当的机会有扩大销售范围的情况，那么该情形依旧符合向不特定对象吸收公众资金的特征。

综上，银行工作人员销售理财产品中的“飞单”行为，系其通过利用投资者对银行的信任以及自己是银行工作人员的身份背景，在销售理财产品时向投资者隐瞒了所推荐的理财产品是第三方机构违规发行销售，并不是银行发售或代为销售的真相，虚构推荐的理财产品高收益、低风险，从而为第三方机构吸收不特定对象的资金打下基础，该行为严重破坏了金融管理秩序，符合非法吸收公众存款罪的构成要件。

（四）银行理财“飞单”行为有无可能涉及其他罪名？

1. 银行理财“飞单”行为是否构成集资诈骗罪？

《刑法》第192条规定“以非法占有为目的，使用诈骗方法非法集资，数额较大的，处三年以上七年以下有期徒刑，并处罚金；数额巨大或者有其他严重情节的，处七年以上有期徒刑或者无期徒刑，并处罚金或者没收财产。

“单位犯前款罪的，对单位判处罚金，并对其直接负责的主管人员和其他直接责任人员，依照前款的规定处罚。”

诈骗行为，是指虚构事实或隐瞒真相使被害人产生错误认识，并作出行为人所希望的财产处分。构成《刑法》第192条规定的集资诈骗罪必须具备以下条件：（1）行为人实施了欺骗行为；（2）行为人具有非法占有的目的；（3）数额较大。

银行工作人员销售理财产品过程中的“飞单”行为，行为人虚构了其推荐的理财产品高收益、低风险的事实，同时隐瞒了理财产品属于第三方机构，产品具有高风险，并非系银行发售代销的真相，使得投资者基于对推荐的理财产品产生错误认识，从而对投资款进行处分，将资金转入了第三方公司银行账户。从上述行为来看，银行“飞单”行为符合集资诈骗罪的犯罪构成要件，但两者的关键性区别是“飞单”行为银行工作人员推荐的目的仅限于获取第三方机构的高额提成，才向投资人推荐第三方机构的理财产品，其从推荐到最终签订合同，并无非法占有投资人投资款的目的，而集资诈骗罪必须以非法占有他人财产为目的，因此理财“飞单”行为不构成集资诈骗罪。本案中，华夏某某股份有限公司个人客户部经理濮某某，在实施“飞单”行为时并非系为了占有投资者的资金，而在于获取高额提成。濮某某不具有非法占有他人财产的目的，不构成集资诈骗罪，而构成非法吸收公众存款罪。

2. 银行理财“飞单”行为是否可能构成背信运用受托财产罪？

《刑法》第185条之一规定，商业银行、证券交易所、期货交易所、证券公司、期货经纪公司、保险公司或者其他金融机构，违背受托义务，擅自运用客户资金或者其他委托、信托的财产，情节严重的，对单位判处罚金，并对其直接负责的主管人员和其他直接责任人员，处3年以下有期徒刑或者拘役，并处3万元以上30万元以下罚金；情节特别严重的，处3年以上10年以下有期徒刑，并处5万元以上50万元以下罚金。

该罪名是由《刑法修正案（六）》增设，立法目的在于规制那些由单位共同决定实施而非员工个人实施的挪用客户资金的严重背信行为。该类行为不仅损害了金融机构的信用和声誉，大大降低了社会公众对金融机构理财业务的信任度，也将社会公众的资金置于高风险的状态之中，从而制造了社会的不稳定因素，破坏了金融管理秩序。但本案中濮某某的行为是在未经就职银行审批及同意的情况下个人私下实施，并非银行共同合意的结果。

背信运用受托财产罪在实践中鲜有适用，但并非因为此类行为在日常生活中比较罕见，而是不当使用委托人财产的行为通常也符合例如非法吸收公众存款罪、集资诈骗罪等其他常见罪名的构成要件。办案机关通常会以该类常见罪名进入刑事诉讼程序。背信运用受托财产罪是纯正的单位犯罪，犯罪主体为商业银行、证券公司、保险公司及其他金融机构。但回到“飞单”行为来看，行为人通常是在未取得所就职银行授权及同意的情况下私下实施。因此，银行理财“飞单”行为并不能用背信运用受托财产罪予以评价。

3. 银行理财“飞单”行为是否可能构成吸收客户资金不入账罪？

《刑法》第187条规定，银行或者其他金融机构的工作人员吸收客户资金不入账，数额巨大或者造成重大损失的，处5年以下有期徒刑或者拘役，并处2万元以上20万元以下罚金；数额特别巨大或者造成特别重大损失的，处5年以上有期徒刑，并处5万元以上50万元以下罚金。单位犯前款罪的，对单位判处罚金，并对其直接负责的主管人员和其他直接责任人员，依照前款的规定处罚。

吸收客户资金不入账罪是由银行、其他金融机构及其工作人员实施的对所吸收的客户资金未按照规定入账却另作他用的行为。行为人通过实施该行为逃避监管，将资金违法拆借甚至用于个人挥霍。关于银行理财“飞单”行为是否能够用吸收客户资金不入账罪予以评价：首先，从主体来看，“飞单”的行为主体一般为银行工作人员，符合该罪的主体要求；其次，“飞单”行为涵盖了从银行客户吸收资金以及将吸收的资金转入第三方理财机构两个部分，第一个行为显然无法用该罪进行评价，但就后一个行为而言，行为人具有使吸收来的资金流入不符合规定的第三方理财机构的故意，且实际上也确实让吸收来的客户资金流入了第三方理财机构。符合该罪在主观以及客观方面的构成要件。而最终这部分资金无法反映在银行的法定账目中，对法定的会计核算制度，以及金融管理秩序造成了侵害，这也正是该罪名所要保护的客体。本案中，濮某某利用其银行工作人员身份，在银行吸收了客户资金，但却未使所吸收的资金进入银行账户，而是流入了同案被告人王某某等人以北京某甲财富投资中心、北京某乙投资中心和北京某丙投资中心名义设立的投资项目，侵害了会计核算制度及金融管理秩序。

综上，从“飞单”行为的整个前后过程而言，需要非法吸收公众存款罪及吸收客户资金不入账罪两个罪名才能完整评价。而两个罪名属于牵连犯，应当择一重罪处罚。

四、银行“飞单”行为产生的原因及防范机制

（一）银行理财“飞单”行为泛滥不止的原因

1. 我国经济近几年飞速发展，各类融资需求旺盛，但我国银行业管理规定相对严格，导致融资渠道不畅，没有办法满足各方融资需求。银行承担着市场上最大融资来源，其本身提供资金的能力有限制，并且其对客户的资质要求及审核非常严格，同时其本身的理财产品并不可能提供较大的利润空间。在此种情况下，第三方理财机构便横空出世，以高额回报吸引资金，又对外进行融资收取高额利息，以此弥补银行无法顾及上述部分的空缺。在这种情况下，相关部门对该类第三方机构的规范及监管在很长一段时间内都处于滞后状态，因此在监管空白的情况下，银行工作人员销售第三方机构的理财产品便成为银行理财“飞单”行为的高发区。

2. 投资者希望其财务高比例的增长从而在各种渠道寻求高收益的途径，将财务存在银行利率低，投资股市风险高，在这种情况下，银行客户经理对投资者诱导推销许以高收益的理财产品，投资者往往以为有银行背书，从而因为信任银行而投资该理财产品。

3. 我国银行工作人员法律意识淡薄，银行对刑事风险没有进行有效控制，导致工作人员根本没有意识到该类行为已经有可能构成犯罪，从而将给自己带来的刑事法律后果，便在高额提成的诱惑下对外进行销售。

（二）银行如何防范“飞单”行为

银行工作人员在销售理财产品过程中“飞单”行为，因为实施主体的特殊性，有银行工作人员参与，大多也都发生在银行的办公场所，虽然银行理财“飞单”行为现象产生的主要根源在于企业的融资需求以及投资者对高额回报的追求，但一旦“飞单”行为下理财产品无法兑付，银行也无法避免监管不力的责任。因此，银行业内部也通过采取下列措施对银行理财“飞单”行为风险进行防范。

1. 对销售理财产品岗位的工作人员进行培训，提高工作人员的法律风险意识，银行内部制定对该类工作人员的更为合理的薪酬体系及业绩考核制度

银行进行销售理财产品的工作人员，一般在银行内部从事市场分析、客户关系管理、营销服务方案策划与实施，并直接服务于客户的专业技术人员。银行内部各类规章制度及操作手册对上述岗位职责作出了严格的限制，但依旧难以保证每个工作人员都能将此作为自己的行为准则，这类人员所在的岗位属于高风险岗位，其工作性质就决定了其有可能在铤而走险之后获得高回报，对于银行这类岗位的工作人员需要加强法律意识风险培训，丰富其精神修养和追求，使其在重大利益面前能够维护自身道德底线，避免以周边人都如此不可能查到自己身上等侥幸心理行事。

银行工作人员冒着高风险销售第三方公司理财产品，其主要原因是第三方公司理财销售的收益与银行销售理财收益之间存在巨大差额，银行需要考虑对其收入结构以及业绩考核制度进行调整、完善。

2. 监督与制约银行业务的开展，切实有效加强银行内部管理体制建设

很多银行的业务开展及收入、盈利状况很大程度上会受到销售理财产品的工作人员的业绩影响，因此银行内部的很多考核指标对可以销售理财产品岗位的个人业绩与收入极度重视，银行及银行工作人员在面对考核时往往会因为追求业绩收入而忽略银行的规章制度，从而难以将银行制定的合规、守规真正落到实处。但越是容易忽略的银行操作流程，越是需要在有效的监督与制约下进行。

3. 不定期排查银行是否存在“飞单”行为

银行需要对于在一段期间内，有大量资金从不同账户分别转入同一账户的情形进行风险排查，因为无论是哪一种“飞单”行为，最终都会将来源于不同投资者的资金汇集到理财产品发售方的银行账户，因此银行每隔一段时间都要对此情况予以排查，以确认上述划账行为是否涉及“飞单”行为。此外，银行工作人员“飞单”行为业务必然涉及高额回扣，银行还可以对销售理财产品的工作人员及其亲属进行监测，识别发售理财产品的第三方公司及

其关联人员是否存在转款至银行工作人员及其亲属银行账户的行为，也可对“飞单”行为等违规行为进行有效排查。

4. 银行内部需要制定严厉的“飞单”行为处罚措施

银行内部要遏制“飞单”行为的产生，需要对有“飞单”行为的工作人员一视同仁，一旦确认银行工作人员存在“飞单”行为，即使其业绩创收名列前茅，或者拥有丰富的资源，也应当给予严厉的处罚，不能仅仅进行一些无关痛痒的惩罚处理。如果惩罚措施不够严厉，不仅不能起到足够的惩戒作用，反而会让其他处于观望状态的工作人员更加放心大胆地进行“飞单”行为。

5. 加强宣传，使银行投资者能够有效识别“飞单”行为

银行除了在对内部工作人员进行管理的同时，还需要注意加强对投资者的宣传教育，从源头上有效制止“飞单”行为的发生。投资者是“飞单”行为中最关键的参与者，其作为银行“飞单”行为中的受害者，银行应当对其加强宣传教育，加强其对“飞单”行为的辨别能力及风险意识。

（1）应当让投资者了解如何审核理财产品销售合同。例如：对理财产品销售合同中的合同主体进行识别，若相关理财产品是由银行发售，则合同主体即为银行与投资者双方；若理财产品是银行代销产品，合同主体是第三方公司，投资者应当要求为其提供服务的银行工作人员出示银行与产品发行公司之间签订的代销合同。

（2）对于银行工作人员要求投资人将资金直接转入第三方公司或个人账户的产品，投资者应当提高警惕。

（3）银行应当在显眼位置悬挂风险提示，从而向投资者充分示明私下通过工作人员购买第三方理财产品的后果及风险，以避免投资者因基于对银行的信任而产生错误认识。

（4）鼓励投资者对工作人员的“飞单”行为进行举报，并给予其适当奖励，从源头上减少“飞单”行为的产生。

6. 对有“飞单”行为的工作人员采取市场禁入措施

现实中存在部分银行工作人员即使因为“飞单”行为被曾经任职的银行给予了开除处分，但因其掌握了大量优质客户及业务资源，也仍可以高薪到

其他金融机构任职。因此，银行业应当对曾经实施过“飞单”行为的工作人员，禁止其再次进入其他金融机构从事相关工作，只有这种严厉的对其职业生涯有影响的市场禁入措施，才会使得银行工作人员在实施“飞单”行为时，无法不谨慎考虑该行为将对其今后的职业生涯可能造成的不利影响。

如《证券市场禁入规定》明确规定，对于发行人、上市公司、证券公司、证券服务机构、证券投资基金管理人、证券投资基金托管人等公司人员违反法律、行政法规或者证监会有关规定，情节严重的，证监会可以根据情节严重的程度，采取证券市场禁入措施。

结语

在现如今银行业制定的薪酬体制及理财产品销售利润分配机制下，银行理财经理所能领取到的销售提成偏低，常常在千分之五甚至万分之一以下。而“飞单”行为往往会给销售人员带来高额佣金提成。银行作为金融平台掌握大量客户资源，“飞单”行为的频发，给客户带来损失的同时也给银行带来不利影响。

随着我国经济的不断发展以及利率市场改革的不断深入，我国商业银行在运营过程中也面临着一系列严峻的考验。为了提高我国竞争力，更好地适应经济全球化发展需要，对于“飞单”行为等违法犯罪行为，从立法方面增加相关人员及单位的刑事法律责任便显得更为迫切。同时，银行也应当增强监管力度，规范理财产品，以市场需求为导向，不断完善金融资产服务体系，提高综合业务能力。

▷ 相关法律法规 ◁

➢ **《刑法》**（2020 年修正，2021 年 3 月 1 日施行）

第一百七十六条第一款　【非法吸收公众存款罪】：非法吸收公众存款或者变相吸收公众存款，扰乱金融秩序的，处三年以下有期徒刑或者拘役，并处或者单处罚金；数额巨大或者有其他严重情节的，处三年以上十年以下有期徒刑，并处罚金；数额特别巨大或者有其他特别严重情节的，处十年以上有期徒刑，并处罚金。

➢《最高人民法院关于审理非法集资刑事案件具体应用法律若干问题的解释》【法释〔2022〕5号】

第一条 违反国家金融管理法律规定，向社会公众（包括单位和个人）吸收资金的行为，同时具备下列四个条件的，除刑法另有规定的以外，应当认定为刑法第一百七十六条规定的“非法吸收公众存款或者变相吸收公众存款”：（一）未经有关部门依法许可或者借用合法经营的形式吸收资金；（二）通过网络、媒体、推介会、传单、手机信息等途径向社会公开宣传；（三）承诺在一定期限内以货币、实物、股权等方式还本付息或者给付回报；（四）向社会公众即社会不特定对象吸收资金。

未向社会公开宣传，在亲友或者单位内部针对特定对象吸收资金的，不属于非法吸收或者变相吸收公众存款。

案例 10

银行工作人员理财“飞单”行为刑法定性分析

一、案例

案例一：平安某某红桥支行“飞单”案

2013 年 4 月邵某某成立北京信达公司、北京信哲公司、中元公司，并担任实际控制人。在未取得相关金融许可的情况下，以北京信达公司投资郑州粮食局保障房、龙头山旅游开发项目为由发行理财产品，中元公司提供担保，北京信哲公司以收取投资资金的方式吸收资金。时任平安某某红桥支行理财经理滕某某利用工作便利，以“飞单”形式向理财客户进行宣传，并吸收资金，从中获取佣金。

2014 年 3 月，邵某某成立深圳某基金管理有限公司，以黄金储备金项目为由吸收资金。2014 年 4 月，滕某某、沈某仙成立信达分公司，伙同刘某、侯某、陈某、张某静、姚某、杨某 1 向社会群众公开宣传，以销售信达公司投资郑州粮食局保障房、龙头山旅游开发项目、黄金储备金项目理财产品的名义，以年息 8%—14% 为诱饵，向社会群众公开宣传，向不特定人员吸收资金，合计吸收资金 7888 万元，涉及集资人员 70 人，造成损失 75, 576, 359 元。

姚某、刘某、陈某、张某静、侯某利用在银行工作，认识理财客户的便利条件，参与非法吸收公众存款。邵某某在北京信哲公司收到集资款后，将款项转移至个人账户，向沈某仙、滕某某支付“打包”款，余款用于高息向他人出借、购车、操作期货等，造成资金无法返还。法院最终判决邵某某、滕某某犯集资诈骗罪，沈某仙、刘某、侯某等犯非法吸收公众存款罪。

案例二：华夏某某嘉定支行“飞单”案

2011年9月至10月，王某明、李某1受聘担任北京某国银公司总经理、副总经理，王某明负责筹建企业并募集资金事宜，李某1负责通商国银相关理财产品的营销业务。同年10月至12月，王某明等人先后注册成立“中鼎财富”“中鼎迅捷”“中鼎财富通航”3家有限合伙企业，以吸收有限合伙人出资的名义分别对“永恒生典当”“新盛博汽车”“奥鑫汽车”“云顶文娱”4个投资项目进行股权投资。中发担保公司对上述4个项目出资人的本金和约定收益进行担保。为推销上述4个股权投资项目，王某明、李某1与张某乙签订《居间协议》，约定由张某乙负责在上海为上述4个股权投资项目募集资金。张某乙联系华夏某某嘉定支行个人客户部经理濮某某，濮某某在未经华夏某某嘉定支行审批的情况下，私自在华夏某某嘉定支行办公场所，以电话联系、现场宣传等方式向众多银行客户等不特定人员推销上述4个股权投资项目，并承诺每年11%—13%的高额固定回报。

2011年11月至2012年3月间，王某明、李某1、张某乙、濮某某通过上述方式，先后招揽100余名投资人，非法募集资金达人民币1.105亿元。其中濮某某个人从中非法获利186万余元。法院最终判决王某明、李某1、濮某某犯非法吸收公众存款罪。

案例三：民生某某支行“飞单”案

张某颖担任民生某某支行行长期间，自2013年以来，以年化收益15%—40%以及年化4.5%的高息为诱饵，诱骗被害人签订非民生银行开发或代销的虚假的理财产品购买或转让协议，并将购买或受让虚假理财产品的钱款转入其控制的陈某健、王某、祁某艳、高某天、池某等个人银行账户，骗取刘某发、郭某梅、袁某跃等147名被害人共计人民币27.46亿余元。张某颖将骗取的钱款用于购买房产、汽车、奢侈品及向赵某等支付额外的存款好处费，法院最终判决张某颖犯合同诈骗罪。

二、焦点问题

问题一，普通理财“飞单”行为的性质？

问题二，三个案例中银行工作人员理财“飞单”行为分别被认定非法吸收公共存款罪、集资诈骗罪、合同诈骗罪，如何区分?

三、分析

（一）普通理财“飞单”行为具有集资非法性

“飞单”并非法律概念，在语言学中也无固定含义，原指公司销售人员违背忠诚原则，将业务订单交给本公司以外的其他公司经营，以此赚取私利。后该词在各个行业中不断演化引用，成为各行业特定行为的代名词，如逃单、逃避检查等。

银行理财“飞单”行为一般指：银行工作人员为获取高额佣金提成，虚构事实或隐瞒真相，利用投资者对银行的信任，在银行营业期间和营业场所等以职务便利，私自向投资者出售非本银行自主发行或非本银行承销的合作机构依法发行的理财产品的行为。

根据发行主体进行区分，银行销售理财产品的方式主要分为两种，一种是销售本行自主开发设计的理财产品，一种是承销合作机构依法发行的理财产品。第一种方式中，银行向投资者推销、售卖本行设计、研发的理财产品，办理申购、赎回等相关手续，银行与投资者之间属于委托代理关系。第二种方式中，银行代理合作机构向投资者推介、销售理财产品，此时合作机构与银行之间系委托代理销售关系，银行与投资者之间为居间介绍关系，银行在该过程中赚取佣金。

仅就承销方式来看，2018 年银保监会发布的《商业银行理财业务监督管理办法》第 17 条明确规定：商业银行应当建立理财产品的内部审批政策和程序，在发行新产品之前充分识别和评估各类风险。理财产品由负责风险管理、法律合规、财务会计管理和消费者保护等相关职能部门进行审核，并获得董事会、董事会授权的专门委员会、高级管理层或者相关部门的批准。《中国银行业监督管理委员会关于规范商业银行代理销售业务的通知》第 18、19、21 条也明确规定：商业银行原则上应当由其总行承担代销产品的审批职责，并以书面形式对分支机构代销产品范围进行明确授权。确需由一级分支机构审批的，一级分支机构应当事先获得总行授权，并在报总行备案后代行代销产品审批职责。商业银行应当对拟代销产品开展尽职调查，不得仅以合作机构的产品审批资料作为产品审批依据。商业银行不得代销未经合作机构确认合规或者未列入总行合作机构审批名单的机构发行的金融产品。

也就是说，第三方金融机构若与商业银行建立合作关系，通过商业银行承销本机构发行的理财产品，除金融机构满足发行理财产品的条件之外，还必须经过层层审批、尽职调查、评估。程序烦琐、要求严格、准入率低，由此便滋生了大量银行理财“飞单”行为。

所谓理财就是管理财务，投资人通过委托他人管理自己的财务实现资产增值、保值目的，理财投资公司将投资者的资金集中起来，通过获取投资者投资资金的使用权进行再投资获取收益，理财业务本质上就具有集资性质。从银行工作人员的角度出发，大部分银行工作人员仅是参与帮助销售理财产品的环节，对于产品的开发、经营、募集资金的使用等环节不参与或者很少参与。而帮助销售理财产品，必然已经存在一个开发理财产品的载体，其开发理财产品的目的当然是为了获取集资款。笔者认为，银行工作人员帮助销售理财产品的行为，实质上属于帮助集资。

从目前银行理财“飞单”案件已作出生效判决的案例来看，相关行为被认定为非法吸收公众存款罪居多，与之相对应的，行为人被认定为集资诈骗罪、合同诈骗罪或普通诈骗罪的也不在少数。由于具体案件不同，各地法院的判决也不同，如本文的案例三民生银行张某颖“飞单”案件，张某颖的行为就不属于普通理财“飞单”行为，故法院最终判决其犯合同诈骗罪（后文论述）。

《最高人民法院关于审理非法集资刑事案件具体应用法律若干问题的解释》指出：非法集资包括了非法吸收公众存款罪和集资诈骗罪两类犯罪，两罪的客观行为均表现为吸收公众存款，且吸收公众存款必须具有非法性。最高人民法院、最高人民检察院、公安部于2019年1月30日发布的《关于办理非法集资刑事案件若干问题的意见》第1条对“非法性”的认定作出明确规定：“人民法院、人民检察院、公安机关认定非法集资的‘非法性’，应当以国家金融管理法律法规作为依据。对于国家金融管理法律法规仅作原则性规定的，可以根据法律规定的精神并参考中国人民银行、中国银行保险监督管理委员会、中国证券监督管理委员会等行政主管部门依照国家金融管理法律规定制定的部门规章或者国家有关金融管理的规定、办法、实施细则等规范性文件的规定予以认定。”

也就是说，集资“非法性”的认定不再限制于《刑法》第96条的国家规定（全国人民代表大会及其常务委员会制定的法律和决定，国务院制定的行政法规、规定的行政措施、发布的决定和命令）。根据《最高人民法院、最高人民检察院、公安部关于办理非法集资刑事案件若干问题的意见》规定，任何一个违反集资规定的行为，都有可能构成“非法集资”。简单来说，未经有权机关批准是非法集资；经过有权机关批准，但集资程序、目的、范围、金额、利率、经营方式等与有权机关批准的内容不符，也同样属于非法集资，是否构成犯罪需要另行评价，但集资行为显然已经具备了“非法性”要素。

回归到本文主题，银行理财“飞单”行为人为银行工作人员，从银行主体出发，银行属于合法吸收公众存款的金融机构，仅从银行工作人员在银行销售理财产品的形式背景出发，貌似该行为具有合法性。但需要注意的是，银行工作人员“飞单”行为所销售的理财产品并未经过银行审批，亦未获得授权，属于私自向社会不特定对象公开销售，若排除银行许可的情况，则该行为属于个人行为，个人销售主体违法且程序违法。“飞单”行为属于违法行为，而普通的理财“飞单”行为往往同时具备了集资性和非法性两个特点，具有集资非法性。

（二）聚焦案例差异

从三份法院判决书可以看出，平安某某红桥支行“飞单”案被告人滕某某被认定为集资诈骗罪、华夏某某嘉定支行“飞单”案被告人濮某某被认定为非法吸收公众存款罪、民生某某支行“飞单”案被告人张某颖被认定为合同诈骗罪，相似性不同的罪名认定，以下聚焦三个案件展开分析。

1. 三个案例被告人的客观行为高度相似

本文例举的三个案件中，被告人的行为具有高度相似性。

第一，三个被告人均利用了身为银行工作人员的职务便利。被告人滕某某系平安某某红桥支行理财经理，被告人濮某某系华夏某某嘉定支行客户部经理，被告人张某颖系民生某某支行行长，三人均利用职务便利，私自在银行办公场所，以电话联系等方式推销理财产品。

第二，三被告人推销理财产品行为均具有欺骗性。滕某某与濮某某所销售的理财产品均为未经过银行审批授权的理财产品，张某颖所销售的理财产品系其个人虚构的理财产品，三人明知所推销的理财产品不具有合法性而隐瞒事实—谎称理财产品合法合规—对投资者进行销售，销售手段具有欺骗性。

第三，推销过程中均承诺高回报率，具有极强的利诱性。滕某某等人在推销公司项目的理财产品时，以年息 8%—14% 为诱饵，向社会公众进行集资；濮某某在推销股权投资项目理财产品时，承诺投资者每年 11%—13% 的高额回报；张某颖以年化收益 15%—40% 以及年化 4.5% 的高息为诱饵，诱骗被害人签订虚假的理财产品购买或转让协议。

第四，以银行为平台向投资者进行集资。银行在三个案件中已沦为集资的平台，张某颖利用职务便利对银行内部固定理财客户下手；滕某某及濮某某利用客户对银行的信任向社会不特定对象进行集资。

以上，可以明确看出，三个案件在客观行为上具有高度相似性，但法院对上述行为人最终认定的罪名存在区别，刑罚力度也具有巨大差别。当客观要素高度相似时，行为人的主观要素是导致罪名认定差异的主要原因。

2. 三个案例认定罪名的核心要素区分

第一，集资诈骗罪与非法吸收公众存款罪。

上述案例中，滕某某被判决犯集资诈骗罪，判处有期徒刑 11 年；濮某某被判决犯非法吸收公众存款罪，判处有期徒刑 4 年 9 个月。案发时，非法吸收公众存款罪最高刑期仅为 10 年有期徒刑，集资诈骗罪最高刑期为无期徒刑，《刑法修正案（十一）》将两个罪名进行修改后，集资诈骗罪量刑刑期依然高于非法吸收公众存款罪，集资诈骗罪显然属于重罪，因此罪名的认定不同，被告人的刑期长短也可能相差悬殊。

《最高人民法院关于审理非法集资刑事案件具体应用法律若干问题的解释》第 2 条列举了 12 种非法吸收公众存款的情形。第 7 条第 1 款规定：以非法占有为目的，使用诈骗方法实施该解释第 2 条规定所列行为的，应当依照《刑法》第 192 条的规定，以集资诈骗罪定罪处罚。

2017年6月1日《最高人民检察院关于办理涉互联网金融犯罪案件有关问题座谈会纪要》第14条规定：以非法占有为目的，使用诈骗方法非法集资，是集资诈骗罪的本质特征。是否具有非法占有目的，是区分非法吸收公众存款罪和集资诈骗罪的关键要件，对此要重点围绕融资项目真实性、资金去向、归还能力等事实进行综合判断。犯罪嫌疑人存在以下情形之一的，原则上可以认定具有非法占有目的：（1）大部分资金未用于生产经营活动，或名义上投入生产经营但又通过各种方式抽逃转移资金的；（2）资金使用成本过高，生产经营活动的盈利能力不具有支付全部本息的现实可能性的；（3）对资金使用的决策极度不负责任或肆意挥霍造成资金缺口较大的；（4）归还本息主要通过借新还旧来实现的；（5）其他依照有关司法解释可以认定为非法占有目的的情形。

非法吸收公众存款罪与集资诈骗罪的区别主要居于行为人的主观要素，通俗的理解就是：非法吸收公众存款行为+非法占有目的=集资诈骗。

案例一中，法院对滕某某、濮某某的主观目的认定存在不同。滕某某在庭审中向法庭辩解其只是通过吸收资金的方式获取佣金，无非法占有目的，未参与邵某某的诈骗行为，所以其行为应当认定为非法吸收公众存款罪，而不是集资诈骗罪。滕某某辩护人认为滕某某对邵某某的集资诈骗行为不知情，对邵某某获取资金之后的使用情况不明知，滕某某的主观故意仅是通过吸收存款来获取佣金，不等同于对整体资金具有非法占有的目的，滕某某行为不构成集资诈骗罪，而应以非法吸收公众存款罪予以认定。

一审法院判决认定：（1）被告人滕某某曾系平安银行理财经理，具有专业的理财知识及技能，其应当明知我国金融法律规定，商业银行、城乡信用合作社等非银行金融机构可以经营吸收公众存款业务，证券公司、证券交易所、保险公司等金融机构以及任何非金融机构和个人不得从事吸收公众存款业务。其否认明知理财产品不具有相关金融许可，亦不知吸收资金已改变使用方向的供述及辩解缺乏合理性，被告人邵某某在庭审中供述就改变资金的使用方向曾向滕某某告知，故可以认定滕某某对理财产品不具有合法性及涉案资金的使用方向应当明知。（2）滕某某在销售理财产品的过程中，向集资人承诺的利息高于银行的同期存款利率10倍，其基于专业的财经知识应当预见到对集资者承诺明显无法兑现的虚高利率的危害性及危险性，但其先在银行以“飞单”的方式，利用其具有的理财客户资源的优势，取得理财客户的信任，可以认定其系采用诈骗的方法非法吸收公众存款。（3）邵某某以固定的“打包”价格向滕某某返利，滕某某合计获利500余万元，用于个人挥霍及因案外其销售的理财产品出现资金断裂垫付本金，具有非法占有所募集资金的目的。（4）集资诈骗罪在犯罪构成上所侵犯的客体，不仅侵犯了国家的金融秩序，亦侵犯了出资人的财产所有权。而非法吸收公众存款罪侵犯的是单一客体，即国家的金融管理秩序。本案滕某某无法兑现其在吸收公众存款时的承诺，给集资人造成重大的经济损失，侵犯了出资人的财产所有权，故被告人滕某某的行为应当以集资诈骗罪定罪惩处。二审法院维持一审判决。

该案中，检察院以非法吸收公众存款罪起诉滕某某，法院最终判决滕某某构成集资诈骗罪，其原因有两点：第一，项目开发人邵某某未将募集资金用于项目经营，将大量资金转入个人账户用于个人挥霍，从其客观行为推定其有非法占有目的，成立非法集资罪；第二，邵某某在法庭供认对于募集资金改变用途情况曾向上诉人滕某某告知，在滕某某明知邵某某改变募集资金用途已无法向被害人给付“存款本息”的情况下，滕某某仍然以信达公司以及信达分公司的名义积极募集资金向邵某某输送，以便于自己继续获取邵某某的“打包”返利。此时，滕某某不再是单纯的向客户介绍理财产品获取佣金，而是与邵某某产生了非法占有他人资金的共同犯罪故意，帮助邵某某非法占有集资款，以集资诈骗罪共犯对二人定罪处罚并无错误。

而案例二则相反。法院认为：在共同犯罪中，王某明向魏某某提议犯罪方案，参与策划共谋，负责筹建有限合伙企业，制作涉案4个投资项目的入伙协议书样本等基础材料，联系中发担保公司对各出资人的本金和约定收益进行担保；李某1落实涉案股权投资产品的营销业务，寻找居间人张某乙，通过协议约定由张某乙负责在上海地区销售投资计划，募集资金；张某乙则联系具体操作人濮某某，最终由濮某某向不特定公众宣传、推销涉案股权投资项目。王某明等人设立注册企业、销售股权投资项目是客观真实，在运营过程中为填补募集资金的亏空，成立通商国营公司，并招聘20余名业务员，通过随机拨打电话的方式销售理财产品，募集资金。资金募集项目发起人客观上并无非法占有募集资金的行为，濮某某的行为仅是集资整体行为中的其中一环，目的仅是赚取高额佣金，其行为成立非法吸收公众存款罪。

可见，案例一与案例二的关键区别在于：案例二全体被告人均无非法占有目的，濮某某个人在参与银行销售理财产品环节时也不具有非法占有目的。所以，案例一与案例二中的行为人是否具有非法占有目的，是认定集资诈骗罪还是非吸收公众存款罪的关键因素。

第二，集资诈骗罪与合同诈骗罪。

集资诈骗罪和合同诈骗罪同属诈骗类犯罪，基本构造相同。行为人实施了虚构事实、隐瞒真相的欺骗行为—对方（受骗者）产生错误认识—对方基于错误认识处分财产—行为人或第三者取得财产—被害人遭受财产损害。显然，两罪均具有非法占有目的，且均利用了虚构事实、隐瞒真相的欺骗手段骗取被害人财物。如何区分两罪？笔者认为，关键在于两个方面：第一，被害人是否特定；第二，是否以非法集资方式进行诈骗。

这里存在疑问，集资诈骗案件也多存在投资合同形式，犯罪行为人以投资高回报为诱饵，诱使被害人签订投资合同，该行为与合同诈骗似乎是一回事。确实，非法集资活动以签订合同的形式进行时，集资诈骗罪与合同诈骗罪在犯罪手段上就产生了一定程度的重合。此时，理解“非法集资”之要件则极为重要。

集资诈骗罪所侵害的法益是国家金融管理秩序及公私财物，合同诈骗罪侵犯的法益是公私财物，所谓“非法集资”就是非法向不特定对象吸收资金，扰乱国家金融管理秩序。“集”针对的是社会上不特定的公众，或者是某一特定类型的不特定的公众。而合同诈骗罪，所依据的是合同的相对性，诈骗了特定合同相对方的财物，所针对的对象为特定对象。

案例一、二、三的关键区别则在于被害人主体的特定性。根据案例三的一审判决书得知，张某颖编造了两种虚假理财产品进行销售，但相关的客户均限定于银行内部的理财客户。购买第一种虚假理财产品的主要是张某颖自己的几个银行内的老客户，购买第二种虚假理财产品的主要是民生银行某某支行针对资金量 800 万元以上高端客户成立的名为“鲸钻高尔夫俱乐部”的固定会员。虽然被害人人数高达 147 名，但是其群体特定，很难出现被害人范围不断扩大的客观危险。根据《最高人民法院关于审理非法集资刑事案件具体应用法律若干问题的解释》第 1 条第 2 款规定：未向社会公开宣传，在亲友或者单位内部针对特定对象吸收资金的，不属于非法吸收公众存款或者变相吸收公众存款。该解释明确限制了非法集资案件处罚的范围，从犯罪对象的角度出发，张某颖案件以集资诈骗罪定罪处罚，不满足非法集资的公众性要素。

关于诈骗方式。集资诈骗罪的构成，不仅要求行为人以虚构事实、隐瞒真相的方法骗取公众资金，还要求该骗取方式属于非法集资的行为方式。换句话说，集资诈骗罪主要着眼于“集资过程”中的欺骗，即以集资为名虚构事实、隐瞒真相，最终占有被害人财物。对比合同诈骗罪，该罪在客观方面表现为在签订、履行合同过程中，隐瞒真相或虚构事实，骗取对方当事人财物。因此，两罪的客观行为，一个是在集资过程中欺骗，一个是在签订合同过程中欺骗。

集资诈骗罪具有利诱性，被害人基于追逐暴利的心态交付财物，与普通诈骗类犯罪中完全处于被骗的角色不同，集资诈骗罪的被害人对于投资市场的博弈本质具有认识，对于投资亏损的结果具有承受能力，甚至有的投资人抱着能赚一笔是一笔的心态参与投资，可以说集资诈骗罪的部分被害人并非完全出于集资者的诱骗陷入错误认识从而交付财产，因此笔者认为集资诈骗罪之重点在于“集资”，而非“诈骗”，“诈骗”要素很大程度上由集资者在非法占有集资款的使用方式上推定得出。

合同诈骗罪比起集资诈骗罪则要简单一些，合同诈骗罪不需要承担类似筹集资金等特定的诈骗任务，只需要在合同签订、履行的过程中欺骗了合同相对方，使其陷入认识错误作出财产处分行为，即满足该罪的成立，所以合同诈骗罪中的“诈骗”为该罪的核心，至于合同是签字的还是按印的，签的是纸质合同还是电子合同，都不影响本罪的成立。

案例三中，张某颖存在下述几个行为。第一，虚构理财项目；第二，从民生银行官网上下载理财合同进行修改，并以他人名义与投资人签订合同；第三，指使他人私刻银行公章，并在合同上加盖虚假银行公章，骗取投资人信任；第四，控制涉案的集资资金，并用于购买玉石、唐卡、手表、房产、支付“购买”存款的好处费等。

张某颖的一系列客观行为足以推定其最终目的就是骗取被害人财物，实际上全案也不存在集资的项目，理财合同仅是其达到诈骗目的的一个手段，该案中被告人既无集资需求、又无集资的本意也无集资的过程，法院以合同诈骗罪对本案定罪处罚，并无不当。

银行理财“飞单”行为并非止于集资诈骗罪、非法吸收公众存款罪、合同诈骗罪三个罪名。银行作为金融的底板，“飞单”行为不管是对国家还是对社会都产生了严重影响，一旦国民的信任体制崩塌，后果将不堪设想，银行应当发挥监管的责任，杜绝此类现象发生。

小结

银行理财“飞单”行为根源于我国资本市场现有的融资渠道不能完全满足投资人的需求，而资本逐利的特性使得众多资金通过非法渠道来获取收益，个别法律意识淡薄的银行工作人员便“承担”了非法融资与非法集资的中间人角色。实践中，银行理财“飞单”行为并非止于集资诈骗罪、非法吸收公众存款罪、合同诈骗罪三个罪名。银行作为金融的底板，“飞单”行为不管是对国家还是对社会都产生了严重影响，一旦国民的信任体制崩塌，后果将不堪设想，银行应当发挥监管的责任，杜绝此类现象发生。

▷ 相关法律法规 ◁

➤ **《刑法》**（2020 年修正，2021 年 3 月 1 日施行）

第一百七十六条　【非法吸收公众存款罪】非法吸收公众存款或者变相吸收公众存款，扰乱金融秩序的，处三年以下有期徒刑或者拘役，并处或者单处罚金；数额巨大或者有其他严重情节的，处三年以上十年以下有期徒刑，并处罚金；数额特别巨大或者有其他特别严重情节的，处十年以上有期徒刑，并处罚金。

单位犯前款罪的，对单位判处罚金，并对其直接负责的主管人员和其他直接责任人员，依照前款的规定处罚。

有前两款行为，在提起公诉前积极退赃退赔，减少损害结果发生的，可以从轻或者减轻处罚。

第一百九十二条 【集资诈骗罪】以非法占有为目的，使用诈骗方法非法集资，数额较大的，处三年以上七年以下有期徒刑，并处罚金；数额巨大或者有其他严重情节的，处七年以上有期徒刑或者无期徒刑，并处罚金或者没收财产。

单位犯前款罪的，对单位判处罚金，并对其直接负责的主管人员和其他直接责任人员，依照前款的规定处罚。

➢ **《最高人民法院关于审理非法集资刑事案件具体应用法律若干问题的解释》全文**（法释〔2022〕5号，2022年2月23日发布，2022年3月1日起施行）

➢ **《最高人民检察院、公安部关于公安机关管辖的刑事案件立案追诉标准的规定（二）》**（公通字〔2022〕12号，2022年4月6日发布，2022年5月15日起施行）

第二十三条 【非法吸收公众存款案（刑法第一百七十六条）】非法吸收公众存款或者变相吸收公众存款，扰乱金融秩序，涉嫌下列情形之一的，应予立案追诉：（一）非法吸收或者变相吸收公众存款数额在一百万元以上的；（二）非法吸收或者变相吸收公众存款对象一百五十人以上的；（三）非法吸收或者变相吸收公众存款，给集资参与人造成直接经济损失数额在五十万元以上的；

非法吸收或者变相吸收公众存款数额在五十万元以上或者给集资参与人造成直接经济损失数额在二十五万元以上，同时涉嫌下列情形之一的，应予立案追诉：（一）因非法集资受过刑事追究的；（二）二年内因非法集资受过行政处罚的；（三）造成恶劣社会影响或者其他严重后果的。

第四十四条 【集资诈骗案（刑法第一百九十二条）】以非法占有为目的，使用诈骗方法非法集资，数额在十万元以上的，应予立案追诉。

第五讲

帮助信息网络犯罪活动罪

案例 11

银行工作人员为完成开立对公账户的任务触犯帮助信息网络犯罪

一、基本案情

2020 年 9 月 27 日至 10 月 31 日期间，王某想用对公账户进行电信诈骗，于是带领河南籍人员曾某某等 10 人到某城找到郝某帮忙想办法，郝某在帮助王某等人办理完工商登记资料后，带领王某等河南籍人员找到某银行支行的对公客户主管肖某，该支行要求全年完成开立 200 户对公账户的业绩。

郝某通过微信将相关人员的身份证件发给肖某后，肖某将某银行支行的地址发给郝某并询问“费用是怎么给?”郝某说，“老板这边今天会转给你，肖经理”。肖某一方面为了完成业务绩效，另一方面为了收取好处费，对王某等 10 名河南籍人员提供的办理公户资料直接通过了审核。其中有一些公司营业执照上的地址明显是虚假的，肖某还让法人在同一个门头、同一块牌子下面合影，每张合影只是换了张 A4 纸（打印的营业执照），把牌子上的公司名称改一下，就是一家新公司。在短短两个星期内，肖某陆续帮助王某等人办理了 10 个公户，收取好处费 1.8 万元。其间，肖某还曾通过微信提醒郝某“今天不要来，今天柜台有分行人员在检查”，郝某回复“我已经到了，只变更法人信息可以吗?”，肖某回复“今天暂时不要来”。后来，郝某、王某等人将办理的 10 个公户用于电信诈骗，涉案 17 起，涉案资金 100 余万元。

二、焦点问题

（1）如何认定银行工作人员肖某主观上“明知他人利用信息网络犯罪”?

（2）郝某、肖某的行为构成共同犯罪还是帮信罪？

（3）银行工作人员肖某是单纯的工作失职还是构成犯罪？

（4）银行工作人员在办理公户业务中如何做到尽职尽责？

三、法律分析

（一）如何认定银行工作人员肖某主观上“明知他人利用信息网络犯罪”？

帮信罪以行为人“明知他人利用信息网络实施犯罪”为前提，本案中的银行工作人员肖某在办理对公账户中是否“明知”是罪与非罪的关键。“明知”包括知道和应当知道，司法实践中对知道的认定一般是根据犯罪嫌疑人主动供述确定，比如犯罪嫌疑人本人供述明知他人利用信息网络实施犯罪仍提供银行账户转移赃款并收取固定的好处费的犯罪事实，有直接的书证证明犯罪嫌疑人与行为人有私下勾兑、收取提成等行为。

通过检索帮信罪的相关案例可以发现，被告人最常见的一句辩驳便是“我不知道”。此时，在没有证据能够直接证明的情况下，需要根据一定的证据推定行为人主观明知。在司法实践中，司法机关除了依据聊天记录、违法所得收益以外，还会依据一定的生活逻辑来推理论证被告人“明知”。当然，犯罪嫌疑人可以提出反证来否认这种推定。最高人民法院、最高人民检察院出台了《关于办理非法利用信息网络、帮助信息网络犯罪活动等刑事案件适用法律若干问题的解释》，第 11 条总结了 7 种推定主观明知的情形，本文将着重分析实践中银行工作人员可能会涉嫌帮信罪的两种情形：

（1）银行工作人员收取好处费或者提成。这种情形在实践中适用较多，如果开户过程中存在交易行为银行工作人员应当格外警惕。作为专业的银行从业人员，应当比普通老百姓更加认识到公户可能会被用于违法犯罪的风险，此时如果还从中收取了提成或者好处费等，则更加说明其对办理公户的违法性有明确认识。司法实践中有法院认为，根据现实情况，银行工作人员不具有信赖他人合理利用银行账户的基础，且银行账户受到特殊法律规范调整，其应知道自己的行为处于法律特别规制的领域，基于一般人所应遵守的注意义务范围，其办理银行账户的同时获取报酬，属于明显异常的交易方式，应意识到行为对法益的侵害性，但仍放任结果的发生，因此推定具有主观“明知”。

（2）银行工作人员帮助办理明显不符合社会正常活动所需的账户。根据《最高人民法院、最高人民检察院、公安部关于办理电信网络诈骗等刑事案件适用法律若干问题的意见（二）》第8条第1款的规定：“认定刑法第二百八十七条之二规定的行为人明知他人利用信息网络实施犯罪，应当根据行为人收购、出售、出租前述第七条规定的信用卡、银行账户、非银行支付账户、具有支付结算功能的互联网账号密码、网络支付接口、网上银行数字证书，或者他人手机卡、流量卡、物联网卡等的次数、张数、个数，并结合行为人的认知能力、既往经历、交易对象、与实施信息网络犯罪的行为人的关系、提供技术支持或者帮助的时间和方式、获利情况以及行为人的供述等主客观因素，予以综合认定。”网络犯罪行为人获得银行卡或者公户的来源主要有两种，一种是与他人进行买卖，一种是利用他人名义在银行开立账户。那么银行作为办理银行卡、对公账户的机构，如果审查不严或者持放任态度，不知不觉就对网络犯罪的准备行为提供了帮助。比如有人来柜台一次性或者多次连续办理不同身份下的银行卡、公户，明显不符合社会正常活动所需，很有可能涉及犯罪活动，银行工作人员作为专业人员，对账户的用途和风险应当非常清楚，如果此时银行工作人员对明显虚假的材料不认真审核，甚至为了完成业绩放任这种风险存在，很有可能被推定为具有帮助犯罪的主观故意。

本案中，关于郝某是否明知是显而易见的，因为王某找到郝某寻求帮助时，甚至将用于电信诈骗的目的都告知于他，因此郝某对于办理公户用于网络犯罪是明知的。而关于肖某是否“明知”，需要结合其银行工作人员的身份和聊天记录等证据判断。

第一，肖某作为银行工作人员，经过了专门的职业培训，有自己的岗位职责，也知晓办理对公账户的流程，对于同一个人连续多次用多个身份办理公户、同一个地址开立多个对公账户等情形应当能够认识到该账户可能会被用于违法犯罪，却仍持放任态度帮助开办对公账户；第二，根据微信聊天记录可知，肖某收取了办理公户的好处费，并提醒郝某有人检查不要来银行，说明肖某已经认识到郝某办理对公账户的违规性、违法性；第三，根据法人合影可知，多张合影均在同一地址拍摄，肖某穿的衣服也一样，明显是同一天拍摄，只是更换了牌子和手持的营业执照，作为客户经理应当明知这是违反规定的行为；第四，整个 10 月份，肖某先后一共为王某等人办理了 10 个公户，而不只是一次两次，不属于偶然性质的疏忽大意，而是具有主观上的故意才会连续发生。综上，根据《最高人民法院、最高人民检察院、公安部关于办理电信网络诈骗等刑事案件适用法律若干问题的意见（二）》第 8 条的规定，应当认定肖某主观上对将开立的公户用于网络犯罪的结果存在高度盖然性的明知。

（二）郝某、肖某的行为构成共同犯罪还是帮信罪？

郝某和肖某对王某办理公户均提供了或多或少、或直接或间接的帮助，二人的帮助行为分别应当如何定性呢？我们首先看一下帮信罪与帮助犯的区分，两者虽外在表现为帮助行为，但在构成要件上，尤其是主观构成要件上仍存在不同之处。

1. 帮信罪与帮助犯在构成要件上的区别

在客观方面，共同犯罪表现为两人以上实施共同的犯罪行为，并且根据因果共犯论，其共同的犯罪行为与危害结果之间应当具有刑法上的因果关系。帮助行为在心理上增强了被帮助对象的犯罪决意，在客观上促进了被帮助对象的实行行为，共同组成了共同犯罪行为一个有机整体，该整体与危害结果之间存在因果关系。

在主观方面，共同犯罪行为人必须具备共同的犯罪故意，与其他共犯在犯罪意思上互相沟通存在意思联络，明白共同犯罪行为的具体内容，能够预见帮助行为与危害结果之间的因果关系，仍希望或者放任结果发生。而帮信罪不要求行为人与他人有犯罪意思上的沟通，也不要求认识到他人的具体犯罪行为，只要知道他人可能实施网络犯罪即构成帮信罪。

在被帮助对象方面，共同犯罪的主体必须是两个以上达到刑事责任年龄、具有刑事责任能力的自然人或单位。被帮助对象若不具备刑事责任能力实施危害行为不构成共同犯罪，被帮助对象不构成犯罪，帮助者作为间接正犯按照实行犯处理。

2. 帮信罪与帮助犯在主观上的区别

构成帮信罪与共同犯罪的帮助犯在主观上均需要存在主观故意，但是主观故意的内容则存在不同。

在主观明知程度和内容上，其一，帮信罪的明知程度要求提供网络帮助的行为人应当认识到自己正在提供信息网络服务，而且确切知道或应当知道他人很有可能正在利用自己所提供的网络技术帮助实施犯罪，即行为人主观上需要确切的明知和高度盖然性的明知。这里需要强调一点，行为人知道帮助行为是违法行为，不等于行为人明知他人利用信息网络实施犯罪，但是对于银行专业人员，对银行卡、对公账户可能用于洗钱、网络犯罪的风险应当非常清楚，这点对于银行工作人员的要求比非专业人士的一般老百姓要严格。其二，明知内容上仅要求提供网络帮助的行为人明知他人存在利用信息网络实施犯罪即可，对犯罪内容仅需具有一定程度的认知或者概括性的认识，不需要了解具体内容、行为性质以及是否实际实施，不需要确定上游行为人是否具有刑事责任能力。而帮助犯主观上对于犯罪的具体内容需要更为清楚达到内容上的确切明知，对于被帮助对象的犯罪手段、性质、危害结果等较为清楚。

在犯意联络和主观目的上，帮信罪不同于共同犯罪，不需要与被帮助行为人就其实施的犯罪存在意思联络，其主观上是想通过提供网络技术帮助行为获得利益，即主观上以营利为目的，而放任上游犯罪危害结果发生。而共同犯罪则要求行为人于事前、事中对特定犯罪或特定范围内的犯罪形成犯意联络。对于帮助犯而言，行为人与其他共犯在犯罪意思上互相沟通存在意思联络，认识到自己是与他人互相配合共同实施犯罪，明白自己的行为性质和共同犯罪行为的性质，能够预见到帮助行为与危害结果之间的因果关系，仍希望或者放任自己的行为引起的结果和共同犯罪行为会发生的危害结果。以网络犯罪中较为常见的诈骗犯罪的帮助犯为例，其行为人主观上往往具有非法占有目的。

具体到本案，关于肖某的行为定性。第一，根据肖某的供述和肖某与郝某的聊天记录可以看出，肖某的主观目的是完成业绩和获取好处费，并没有电信诈骗中非法占有他人财物的目的，且与王某、郝某等人没有电信诈骗的意思联络；第二，即使肖某不帮助郝某，郝某和王某也可能寻找其他银行工作人员帮助，因此肖某的帮助行为对王某等人的电信诈骗活动并不属于决定性的帮助作用。综上，肖某的行为不构成电信诈骗的帮助犯，应当认定为帮信罪。

关于郝某的行为定性。第一，王某找到郝某帮忙时，明确告诉了郝某其目的，郝某对于王某进行电信诈骗的故意和行为是明知的，二人存在共同犯罪的意思联络；第二，郝某不仅帮助王某找到肖某办理对公账户，还帮助办理了虚假的工商资料，事后还与王某一起找到高某对犯罪所得进行转移等，参与了事前的准备、事后的处置，对电信诈骗活动起到了决定性的帮助作用。因此，郝某的行为同时符合帮信罪和电信诈骗罪帮助犯，根据《刑法》第287条之二第3款规定，应当择重处罚。

（三）银行工作人员肖某是工作失职还是构成犯罪?

《人民币银行结算账户管理办法》第28条第1款规定："银行应对存款人的开户申请书填写的事项和证明文件的真实性、完整性、合规性进行认真审查……"《中国人民银行关于进一步加强人民币银行结算账户开立、转账、现金支取业务管理的通知》（银发〔2011〕116号）规定："（二）加强单位银行结算账户开立管理。对于法定代表人或者单位负责人授权他人办理单位银行结算账户开立业务的，被授权人应是授权单位工作人员，银行应采取审核被授权人工作证件等措施予以核实。对于同一自然人作为具体经办人员办理两个以上单位的银行结算账户开立业务的，或者同一自然人为两个以上单位的法定代表人或者单位负责人的，或者两个以上单位银行结算账户信息中的联系电话、地址等相同的，银行除审核存款人提供的开户证明文件外，应采取回访、实地查访、向公安、工商行政管理部门核实等一项或多项措施进一步核实存款人身份，并重点关注相关账户的支付交易情况……"

根据上述规定，如果银行工作人员在办理公户的过程中违反业务规定，没有对申请文件的真实性、完整性、合规性进行认真审查，尤其是明显察觉到不法分子开立公户的行为不符合常理，却仍为其提供方便，银行工作人员很有可能会构成刑事犯罪，而不是简单的工作失职。另外，《最高人民法院刑事审判第三庭、最高人民检察院第四检察厅、公安部刑侦局关于"断卡"

行动中有关法律适用问题的会议纪要》（高检四厅〔2020〕12号）第3条规定，重点打击专门从事非法收购、贩卖电话卡、信用卡活动的犯罪团伙以及与之内外勾结的电信、银行等行业从业人员。因此，在办理对公账户、银行卡等业务时，银行从业人员应当对申请人资质和申请材料更加严格地审查。

具体到本案，肖某主观上对郝某和王某办理公户的违法性是明知的，甚至还收取了郝某、王某的好处费，从而违反银行的业务规定，帮助郝某逃避银行分行人员的检查，违规办理对公账户，其行为已经超过了工作失职的范畴，具备刑事违法性，因此构成帮信罪。

（四）银行工作人员在办理公户业务中如何做到尽职尽责？

1. 认真审查证明文件。尤其是客户提交的相关证明，包括营业执照和法人身份证明，通过看名称、注册资本、注册成立时间、经营范围、注册地址、法人或负责人，精准识别可疑信息。另外根据《中国人民银行关于加强支付结算管理防范电信网络新型违法犯罪有关事项的通知》（银发〔2016〕261号）规定，对支付机构为单位开立支付账户的，银行人员除了要审查书面文件之外，还要以面对面方式核实客户身份，或者以非面对面方式通过至少3个合法安全的外部渠道对单位基本信息进行多重交叉验证。

2. 做好事前事后调查工作。第一，事前要做好“上门勘察”工作，没有调查就没有发言权，只有真正走到经营场所才能了解真实状况，必要时还可要求客户提供租赁合同、水电费等单据，另外要格外注意租赁合同的约定期限。第二，事后要电话或者上门回访。如果提供的是虚假信息，可能会出现电话关机、停机不再使用，注册地址无相关单位等情况，此时基本可判断为可疑客户，应拒绝客户的开户要求。

3. 重点关注异常情况。如果同一人短期内（甚至同一天）注册多家公司或个体工商户，即成立时间、高管人员构成、经营地址相同或相近；公司法定代表人非实际控制人，模糊实际控制人与对公账户的关联关系等，则属于高度可疑的情形。根据《中国人民银行关于进一步加强人民币银行结算账户开立、转账、现金支取业务管理的通知》（银发〔2011〕116号）规定：“（二）加强单位银行结算账户开立管理。对于法定代表人或者单位负责人授权他人办理单位银行结算账户开立业务的，被授权人应是授权单位工作人员，银行应采取审核被授权人工作证件等措施予以核实。对于同一自然人作为具体经办人员办理两个以上单位的银行结算账户开立业务的，或者同一自然人为两个以上单位的法定代表人或者单位负责人的，或者两个以上单位银行结算账户信息中的联系电话、地址等相同的，银行除审核存款人提供的开户证明文件外，应采取回访、实地查访、向公安、工商行政管理部门核实等一项或多项措施进一步核实存款人身份，并重点关注相关账户的支付交易情况……”对于一人办理多个单位公户等异常情况，银行工作人员除审核书面文件外，还应采取回访，实地查访，向公安、工商行政管理部门核实等多种措施核实身份。

4. 注意询问法定代表人或者负责人。看他是否熟悉单位的经营内容、员工人数等，问法人是否需要结算产品；对于价格不敏感、主动要求开立所有结算产品，并要求提高公转私限额的客户，要提高警惕。根据《中国人民银行关于加强支付结算管理防范电信网络新型违法犯罪有关事项的通知》（银发〔2016〕261号）规定“（五）建立单位开户审慎核实机制。对于被全国企业信用信息公示系统列入‘严重违法失信企业名单’，以及经银行和支付机构核实单位注册地址不存在或者虚构经营场所的单位，银行和支付机构不得为其开户。银行和支付机构应当至少每季度排查企业是否属于严重违法企业，情况属实的，应当在3个月内暂停其业务，逐步清理。对存在法定代表人或者负责人对单位经营规模及业务背景等情况不清楚、注册地和经营地均在异地等异常情况的单位，银行和支付机构应当加强对单位开户意愿的核查。银行应当对法定代表人或者负责人面签并留存视频、音频资料等，开户初期原则上不开通非柜面业务，待后续了解后再审慎开通。支付机构应当留存单位法定代表人或者负责人开户时的视频、音频资料等……”银行工作人员还应当注意法定代表人是否清楚其单位的经营规模及业务背景、注册地和经营地是否异地等异常情况，与法定代表人或者负责人面签并留存视频、音频资料等。

小结

近年来多家银行的工作人员因在办理对公账户中，明知犯罪团伙将其用于违法犯罪的情况下，仍为了完成所谓的“开户任务”而触碰法律红线，使帮信罪成为了银行工作人员不容忽视的新罪名。客户经理在办理对公账户前，需要去实地查看营业执照注册地址，要审核账户开立人的真实身份，以及和公司法定代表人合影留存，而在多个银行工作人员帮信案中均出现的问题是一些营业执照的地址明显是虚假的。作为银行工作人员，在开立对公账户的审核过程中，要严格按照中国人民银行相关规定，予以认真审核，如果出现明知他人利用信息网络犯罪的情况，不能为了完成业绩，听之任之。银行的对公账户的严格审核是避免对公账户被用来网络诈骗、洗钱的屏障，同时银行工作人员在办理对公账户的开户中只有严格审核才能避免被卷入帮信罪的刑事风险。

▷ 相关法律法规 ◁

➤ **《刑法》**（2020 年修正，2021 年 3 月 1 日施行）

第二百八十七条之二　明知他人利用信息网络实施犯罪，为其犯罪提供互联网接入、服务器托管、网络存储、通讯传输等技术支持，或者提供广告推广、支付结算等帮助，情节严重的，处三年以下有期徒刑或者拘役，并处或者单处罚金。单位犯前款罪的，对单位判处罚金，并对其直接负责的主管人员和其他直接责任人员，依照第一款的规定处罚。有前两款行为，同时构成其他犯罪的，依照处罚较重的规定定罪处罚。

➤ **《人民币银行结算账户管理办法》**（2003 年 9 月 1 日施行）

第二十八条第一款　银行应对存款人的开户申请书填写的事项和证明文件的真实性、完整性、合规性进行认真审查。

➤ **《最高人民法院、最高人民检察院关于办理非法利用信息网络、帮助信息网络犯罪活动等刑事案件适用法律若干问题的解释》**（法释〔2019〕15 号，2019 年 11 月 1 日施行）

第十一条　为他人实施犯罪提供技术支持或者帮助，具有下列情形之一的，可以认定行为人明知他人利用信息网络实施犯罪，但是有相反证据的除外：（一）经监管部门告知后仍然实施有关行为的；（二）接到举报后不履行法定管理职责的；（三）交易价格或者方式明显异常的；（四）提供专门用于违法犯罪的程序、工具或者其他技术支持、帮助的；（五）频繁采用隐蔽上网、加密通信、销毁数据等措施或者使用虚假身份，逃避监管或者规避调查的；（六）为他人逃避监管或者规避调查提供技术支持、帮助的；（七）其他足以认定行为人明知的情形。

第十二条 明知他人利用信息网络实施犯罪，为其犯罪提供帮助，具有下列情形之一的，应当认定为刑法第二百八十七条之二第一款规定的“情节严重”：（一）为三个以上对象提供帮助的；（二）支付结算金额二十万元以上的；（三）以投放广告等方式提供资金五万元以上的；（四）违法所得一万元以上的；（五）二年内曾因非法利用信息网络、帮助信息网络犯罪活动、危害计算机信息系统安全受过行政处罚，又帮助信息网络犯罪活动的；（六）被帮助对象实施的犯罪造成严重后果的；（七）其他情节严重的情形。实施前款规定的行为，确因客观条件限制无法查证被帮助对象是否达到犯罪的程度，但相关数额总计达到前款第二项至第四项规定标准五倍以上，或者造成特别严重后果的，应当以帮助信息网络犯罪活动罪追究行为人的刑事责任。

第六讲

违规出具金融票证罪

案例12

违规出具金融票证行为初探

一、案例介绍

2018年12月18日，经ZX银行总行纪委审查，发现ZX银行TY分行原党委书记、行长刘某涉嫌违规出具金融票证，向上海市公安局经侦支队报案，上海市公安局于2019年3月1日立案侦查。刘某系担任ZX银行TY分行党委书记、行长（分行副行长级）期间，违规向某金融资产交易所有限责任公司（以下简称S金所）关联的通道企业签发《承诺回购协议》及《业务合作协议》，涉案资金达33亿元。

2016年4月至11月，S金所为向Z集团有限公司（注册地为上海，实际控制人为仇某）提供资金，以S金所关联的通道企业H财富管理有限公司、F资产管理有限公司、B股份有限公司名义，发行了2轮2年期的专项资产管理计划，先后向山西某贸易有限公司、山西某商贸有限公司等Z集团的壳公司提供8笔共计33亿元的授信业务。在此过程中，刘某未经ZX银行任何审批程序，也未与银行任何人商量，私自以ZX银行TY分行的名义，向S金所关联的上述通道企业的33亿元授信业务违规出具了《承诺回购协议》，其中2笔合计13亿元的授信已经到期，其余由S金所及其关联公司以资金信托（1年期）等合计6笔产品的方式向上海X集团有限公司、C电子商务有限公司，两家由仇某实际控制的企业进行了续作融资。其间，刘某则再次私自以ZX银行TY分行的名义，采取出具《业务合作协议》（远期回购）方式帮助仇某完成S金所的融资。

刘某向S金所关联公司出具的《承诺回购协议》和《业务合作协议》

中，均盖有 ZX 银行 TY 分行公章及其本人签字。所盖公章系刘某在签订《承诺回购协议》和《合作协议》时，编造其他正常用印事由并自行打印用印审批单，本人签字审批后盖了公章，随后又将用印审批单销毁，以此隐瞒使用公章的真实用途。

二、焦点问题

本案的焦点问题是，刘某利用担任 ZX 银行 TY 分行党委书记、董事长职务上的便利，私自帮仇某的公司及其控制的空壳公司融资，先后签写《承诺回购协议》及《业务合作协议》的行为到底是否构成违规出具金融票证罪？而是否能够成立本罪则在于三点：

第一，ZX 银行 TY 分行党委书记、董事长签订《承诺回购协议》与《业务合作协议》是否属于“出具”行为？

第二，《承诺回购协议》与《业务合作协议》是否属于金融票证？

第三，本案《承诺回购协议》及《业务合作协议》的性质是什么？

三、焦点分析

笔者认为，《承诺回购协议》及《业务合作协议》在性质上不属于保函等金融票证，对刘某不应该以违规出具金融票证罪追究刑事责任。现围绕本案焦点问题展开分析如下。

（一）违规出具金融票证行为中“出具”需要作严格解释

违规出具金融票证罪是法定犯，所以在解读本罪时关键是要根据相关金融法律法规等来具体了解该罪涉及的金融行为，具体到该罪则是指“出具”。

这里，首先要明确的是，《刑法》第 188 条违规出具金融票证罪规定的“违反规定”的概念，相比“违反国家规定”“违反国家有关规定”“违反票据法规定”等概念，其外延要更广，可以包含违反有关金融法律法规、部门规章以及金融机构内部制定的一些重要业务规则和管理制度，如《中国人民银行法》《票据法》《国内信用证结算办法》等的行为。

接着围绕“出具”的内涵，其作为准确理解与适用违规出具金融票证一罪中的核心构成要件之一，笔者从目的论解释出发，亦认为违规出具金融票证罪的立法目的是打击破坏金融管理秩序、给市场带来严重损失的非法出具金融票证活动，保护金融管理秩序。因此，当刑事司法介入金融活动或者纠纷的过程中时，也要对刑法规定的各构成要件进行合理的解释，以保证符合立法目的。回到本案，即便认为刘某私自在承诺回购协议及业务合作协议签章的行为是违规的，但是这种行为能否被认定为出具，亦需要进行严格的解释，也即，刘某的行为是否属于违规出具金融票证行为中的“出具”行为呢?

对此，可能有观点会认为刘某系 ZX 银行 TY 分行的行长，全面负责银行分行的工作，在负责本行对外贷款的过程中结识仇某。接触过程中，仇某提出向 ZX 银行 TY 分行融资，刘某在本行不具备提供融资支持能力的情况下，私自同意为仇某向 S 金所融资办理承诺回购业务，向 S 金所签订了《承诺回购协议》及《业务合作协议》，帮助仇某办理了共计 33 亿元的融资。故刘某作为银行工作人员，违反岗位职责，超出总行授权范围，在融资方没有提供反担保的情况下，当然构成违规为他人出具保函（承诺回购协议），且情节特别严重，以违规出具金融票证罪追究其刑事责任并无不当。但是笔者认为，通过梳理我国《刑法》第 188 条针对票证之罪状，可知其明确规定的是“为他人出具信用证或者其他保函、票据、存单、资信证明”，也即“出具”的对象一共包括了票据在内的 5 种与银行相关的书面文件。接着，我国《刑法》第 189 条则仅围绕票据这一行为对象，规定了承兑、付款、保证 3 种专门的票据附属行为，该 3 种行为都一一规定在我国《票据法》里。与此同时，再对照《票据法》里的规定，可知票据包含了汇票、本票和支票。其中针对该 3 种票据，并未出现任何关于“出具”的规定，而是分别规定为：汇票是出票人签发的，委托付款人在见票时或者在指定日期无条件支付确定的金额给收款人或者持票人的票据。汇票分为银行汇票和商业汇票；本票是出票人签发的，承诺自己在见票时无条件支付确定的金额给收款人或者持票人的票据。本法所称本票，是指银行本票；支票是出票人签发的，委托办理支票存款业务的银行或者其他金融机构在见票时无条件支付确定的金额给收款人或者持票人的票据。其中，“汇票是出票人签发的……”具体规定在“出票”这一节里。所以可知，出票也是票据的特有行为。有鉴于此，当违规出具金融票证罪中“出具”针对的为票据法中的票据时，则应特指票据的出票行为。而之所以在违规出具金融票证罪中使用“出具”而非“出票”，其原因在于立法者考虑到违规出具金融票证罪的行为对象除了票据，还包括信用证、保函、存单和资信证明这四种证明，“出票”这一法定概念只适用于票据，不适用于其他4类证明。为了协调动宾搭配，立法者采用“出票”行为的上位概念——“出具”来连接5类票证，从而实现动宾搭配的兼容性。

因此，我国《刑法》第188条关于违规出具金融票证罪中，当违规“出具”的对象是票据时，则应特指违规出票，而票据法中的“出票”，是完全区别于背书、承兑及保证等票据行为的，具体指的是，签发并将其交给收款人的票据行为。参考出具票据的规定，出具信用证、保函及资信证明应当是指，银行或者其他金融机构根据开证申请人提交的开证申请书等各种附随材料，制作具体的票证内容，随后进行审批签章，再将具体的票证交付与申请人。所以在本案中，无论是《承诺回购协议》还是《业务合作协议》，所涉及的任何书面材料，均是由债权人，也即S金所制作并提交给刘某，商业银行从未参与制作具体票证的内容。故本案中刘某所在的商业银行事实上并未实施出具票证等实行行为，并不能以违规出具金融票证罪对其进行追责。

在此之外，在司法实践中，我们应当注意到有一种情况是将银行或者其他金融机构的工作人员承兑银行汇票的行为认定为违规出具金融票证罪，这里主要是因为将票据的出具与承兑行为的混淆。[①] 应当明确的是，汇票分为商业汇票和银行汇票，其中商业汇票又可以分为商业承兑汇票和银行承兑汇票。而通过《中国人民银行关于建立〈银行承兑汇票专项统计制度〉的通知》（银发〔2009〕175号）规定的银行承兑汇票可知，银行承兑汇票是指申请人签发的，由承兑银行承兑，保证在指定日期无条件支付确定金额给收款人或持票人的商业汇票。据此可知，银行承兑汇票并非是由银行签发，出票人应为申请人。根据我国票据法的规定，这其中提到的承兑，则是指汇票付款人承诺在汇票到期日支付汇票金额的票据行为。据此，承兑不仅是一种附属票据行为，而且以出票为前提，并依赖出票行为的效力。银行对汇票的

---

① 参见唐波主编：《新编金融法学》，北京大学出版社2006年版，第141－142页。

承兑，则是指银行对汇票的付款人明确表示同意按照出票人的指示，在到期日付款给持票人的行为。商业承兑汇票的承兑人则为银行以外的付款人，商业承兑汇票的付款人也即承兑人。至此，我们可以明确的一点就是，商业承兑汇票的出票人不包括商业银行，同时也可以确认的一点是银行承兑违法商业汇票也不可能被认定为违规出具金融票证罪。因为银行违规承兑商业汇票并非出具银行承兑汇票，出具银行承兑汇票的或者是出票主体应为申请人，银行对该种票据的承兑行为绝不能等同于出票行为，至于这种情况下如何评价银行的承兑，笔者赞成构成违法票据承兑犯罪的主张。

（二）从体系解释的角度看《承诺回购协议》及《业务合作协议》在性质上不属于金融票证

随着信用形式的发展，为记录一定金融活动和证明债权债务关系合法的书面凭证，用于多种信用形式的金融票证信用工具也被逐渐创造出来了。在金融学的意义上，金融票证的称谓并不统一，有“金融工具”“信用工具”“广义的有价证券”等称谓。但其基本含义大同小异，均是指作为货币资金和货币信用融通工具的票据和凭证。[①] 金融工具往往具有货币性、流动性、收益性和风险性。对于票证的相对人而言，由于银行等金融机构的特殊性，由其所出具的票证具有更高的可信度，能够增加经济交易的诚实性和安全性。信用证和票据是结算凭证，其中保函是书面保证文件，存单是证明行为人在银行存款数额的凭证，资信证明是对申请人的资产信誉条件的声明。违规出具该5种金融票证的行为都会危及银行的信用，甚至在融资人获取资金后，一旦资金不能及时偿付，更会给银行造成巨大的经济损失，给金融市场带来极大的风险。

目前，我国刑法中包含金融票证为犯罪构成要件的主要有第175条之一“骗取贷款、票据承兑、金融票证罪”、第177条“伪造、变造金融票证罪”及第188条“违规出具金融票证罪”。其中，骗取金融票证主要是指骗取“信用证及保函”；伪造、变造金融票证是指伪造、变造汇票、本票、支票、委托收款凭证、汇款凭证、银行存单等其他银行结算凭证，或者伪造、变造

---

① 参见张春莲主编：《金融学教程》，中南大学出版社2014年版，第147页。

信用证或者附随的单据、文件；而违规出具金融票证则是指违规为他人出具信用证、保函、票据、存单、资信证明。该三罪同属于我国《刑法》第三章“破坏社会主义市场经济秩序罪”第四节“破坏金融管理秩序罪”中的罪名，据此，从体系解释的角度出发，应当认为刑法意义上所规定的广义上的金融票证应当包括票据、银行结算凭证、信用证及保函等，具体到违规出具金融票证罪，则应当是指出具信用证、保函、票据、存单及资信证明。具体而言，我国刑法上规制的违规为他人出具金融票证包括5种情况[①]：

（1）违规出具信用证。这种行为主要是指银行及具有信用证业务的其他金融机构违反规定为他人提供、开出信用证。根据我国《商业银行法》的规定，商业银行可以在遵循相关规定下，从事信用证服务业务。从《跟单信用证统一惯例——2007年修订本，国际商会第600号出版物》第2条规定可知，信用证是一项不可撤销的安排，无论其名称描述如何，该项安排构成开证行对相符交单予以交付的确定承诺。而且，信用证本身应当是一项自足文件，因为信用证不依附于买卖合同，银行在审单时强调的是信用证与基础贸易相分离的书面形式上的认证。此外，信用证还是一种纯单据业务，是开证银行有条件的付款承诺，开证银行需要承担首要付款责任。[②]

（2）违规出具保函。这是指银行或者其他金融交易机构应申请方的申请，向受益人开出的一种书面信用担保凭证。其旨在保证根据合同的约定，申请方若没有按照协议履行其义务或者责任时，由保函开具主体对受益人履行合同项下的经济赔偿责任。银行保函根据不同的划分依据可分为：加工贸易税款保付保函、履约保函、租赁保函等。一般来说，银行给出的赔偿付款的条件内容包括，具体的保证金额、保函的有效期限，委托人签章、受益人签章等明确化的要求，银行一般在委托提供的保证金额度范围内承担责任。因此，银行等金融机构面对申请，在出具保函过程中，不仅要严格遵照有关程序，更要做到认真审查申请人的资质，避免违规出具保函。

---

① 参见马长生、田兴洪、罗开卷：《违规出具金融票证罪的构成与认定》，载《铁道警察学院学报》2014年第2期。

② 参见马长生、田兴洪、罗开卷：《违规出具金融票证罪的构成与认定》，载《铁道警察学院学报》2014年第2期。

（3）违规出具票据。票据是指出票人根据票据法的规定，签发的约定由自己或者自己委托的人无条件支付一定数额的金钱为内容的有价证券。在我国，目前主要有汇票、本票和支票3种票据。应当再次明确的是，这里的出具应当是出票或者是开票，不包括承兑、付款和保证等票据附属行为。此外，目前只有银行汇票和银行本票是由银行或者金融机构出具的，诸如商业承兑汇票等的出票人并非银行或者金融机构，明显不满足违规出具金融票据犯罪的犯罪主体，也即除银行汇票和银行本票业务中，对于商业承兑汇票及银行承兑汇票等票据种类的业务则不能妄自认定为刑法上的违规出具金融票证罪。

（4）违规出具存单。存单，是指银行或者其他办理存款业务的金融机构，根据实际发生的存款业务而开具给储户的存款证明，是一种要式的实践性合同。具体则包括个人储蓄中使用的定期存单、活期存折，以及单位存款中使用的单位定期存款开户证明书等。银行或者其他金融机构开立存单应以存款人的实际存款来开具。

（5）违规为他人出具资信证明。资信证明，是指提供客户的财产情况、偿还能力、信用程度等情况的证明文件。对于违规出具金融票证罪而言，资信证明则可指除前述的信用证、保函、票据及存单以外的，由银行或者其他金融机构出具的足以证明他人资产、信用状况的各种文件及凭证。银行或者金融机构出具资信证明属于一种中间业务，一般是根据客户的开户、经营、结算、存款余额等方面的综合资信而提供的，此类资信证明，无论以何种名义、形式出具，核心都是证明他人拥有一定的经济实力。因此，银行在出具资信证明时同样应当认真审查对方资信情况，进行资信调查，这里的调查范围包括但不限于企业的组织情况、资金和信用情况，经营范围及能力等，防范无可靠资信能力的人，为了获取非法所得，借用银行信用给自己做信用背书，骗取第三方信任来获取财物的情形。

综上，违规出具金融票证罪中的金融票证是一个狭义的概念，仅包括信用证、保函、存单、票据以及资信证明这5种票证，甚至区别于《刑法》第177条伪造、变造金融票证罪中的金融票证，此罪中的金融票证涵盖了汇票、本票、支票；委托收款凭证、汇款凭证、银行存单等其他银行结算凭证；信用证或者附随的单据、文件；信用卡这四大类，更遑论是金融学意义上的广义金融工具概念。[1] 违规出具金融票证罪将金融票证的范围明确限制在这5种特殊票证中，究其原因，主要在于这5类票证均由银行或者金融机构出具之后转让流通，银行或者金融机构因此也具有了付款的义务，征表的是银行信用，以银行信用来证明他人的信用，直接与银行自身信用挂钩。

因此，对于本案中的《承诺回购协议》及《业务合作协议》，虽在功能上类似于具有担保性质的书面承诺文件，但无论是《承诺回购协议》还是《业务合作协议》，本身均是由S金所制作的而非银行出具的，涉案银行的行长虽系擅自在承诺回购协议及业务合作协议上加盖银行公章及签字，但本案中的两种协议在性质上并不属于金融票证，绝不能仅仅依据协议上盖有银行公章，无视了银行保函作为一种金融凭证所要求的形式要件。

正因如此，关于本案存在意见认为刘某不构成违规出具金融票证罪就是因为我国《刑法》第188条违规出具金融票证罪，明确规定了作为本罪客观要件的“金融票证”只有5种，即信用证、保函、票据、存单及资信证明。其中《刑法》所规定的保函，是一种具有严格形式要件的要式文书，应当与普通的担保、保证区分开来，所以应当明确违规出具金融票证罪所规定的金融票证，不仅仅是权利人简单的财产权利凭证，而是其本身就代表着银行或其他金融机构对金融票证持有人具有增信及公信力的特殊凭证，所以这类金融票证的形式和内容必然是标准化和规范化的。

此外，我国《票据管理实施办法》（2011修订）第5条和第35条中明确规定，票据的格式是由法律规定的，必须根据法律规定的必要形式制作，票据才能有效。再根据《国际商会见索即付保函统一规则》（URDG758）规定可知，保函的开立和指示都有着具体和严格的要求，比如申请人、受益人、担保人、基础关系的编号或其他信息、保函的失效及索赔条件等等，并不是任何加盖了银行公章的的文件都可以被评价为“保函”，那些单纯加盖了公章印章本身却不具备保函的其他形式要件，不能被视为保函。故本案中的数份《承诺回购协议》及《业务合作协议》，仅仅盖有银行公章却不具备保函

---

① 参见李思：《违规出具金融票证罪客观要件研究》，湘潭大学2018年硕士学位论文，第10页。

格式文书样式，不属于明确规定要承担担保责任的书面文件，因此并不属于违规出具金融票证罪所要求的金融票证，刘某不构成该罪。

（三）《承诺回购协议》及《业务合作协议》本质上为合同，具有独立性等使得其无法成为违规出具金融票证罪的犯罪对象

据有关资料，本案中涉及的12份文件，均不具有保函的形式要件，也均不是明示银行承担担保责任的文件，本质上并未征表银行信用，银行未必承担赔付责任。笔者将以ZX银行TY分行与作为通道企业的H财富管理有限公司签订的《承诺回购协议》（编号：ZXLJ－C－1）和ZX银行TY分行与通道企业F资产管理公司签订的《业务合作协议》（编号：YWHZXY－ZXTY－450－001）为例，分析该两类书面文件的性质。

首先是《承诺回购协议》，如果仅仅是从文意解释的角度出发，《承诺回购协议》就可以被理解为具有承诺意义的书面文件。但是，从形式上看，该《承诺回购协议》则是由S金所的工作人员制作并出示给刘某的，并不是由ZX银行TY分行基于H财富管理有限公司的《保函委托书》发起并形成的。而且，《承诺回购协议》中并未使用“保函”或“银行保函”的字样，其中的条款也不同于保函的一般格式条款，内容上与主债务内容也完全不同。因此，本案中的《承诺回购协议》不构成债务的加入，更不构成对债权的保证，实际上是一种民事双方主体约定的独立的附条件合同，只对合同相对人产生效力，不具有金融票证所征表银行或其他金融机构信用的效力，于是便不会对债权人未来债权的实现起到必然的保证效力。

至于《业务合作协议》，从形式上看，与保函等金融票证更是相差甚远，再从内容上看，《业务合作协议》也是一份附期限的信托收益权买卖合同，所以无论是从内容还是意思表示来看，ZX银行TY分行既没有义务为他人履行债务，也没有义务为他人的债务承担担保责任，不符合我国《担保法》规定的担保合同，并非具有保证法律效果的书面保证文件。

因此，本案中的《承诺回购协议》与《业务合作协议》，本质上并不会让银行产生，在未来债务人履行不能时，需对债权人履行保证付款的义务，因为该两类书面文件本质上都是独立的、附条件或者附期限的合同，不构成对债权人的担保付款。从这一角度看，附条件及附期限合同的内涵完全不同于保证函的内涵，更不属于违规出具金融票证罪中的信用证、票据、存单及资信证明。如果以违规出具金融票证罪对刘某科刑，甚至据此让涉案银行承担罪行，明显具有违反罪刑法定原则之嫌。

除此之外，对于违规出具金融票证罪还需要注意的一点是，行为人违反规定为他人出具金融票证，需要满足“情节严重”的程度。同时，关于该罪，实践中对“损失”的认定其实也存在问题，典型的就是这里的损失是否只包括给银行或者其他金融机构造成的直接经济损失？比如，违规出具金融票证的行为给其他单位或者个人造成的经济损失，给金融机构造成的社会损失、声誉损失及信誉损失能否计算在内？违规出具金融票证涉及的金额往往巨大，但是在案发时还尚未给金融机构造成经济损失的又能否追究刑事责任等这些问题的存在都在直接影响着对违规出具金融票证行为的刑法认定与刑事责任制裁，甚至直接关乎到对这类犯罪行为的预防。

既往通过金融业创造杠杆背后的利益机制正在被打破，“高负债、快循环”的模式已经被终结在金融犯罪中，其中违规出具金融票证罪也从前10年的“数量多、涉案金额小”演变成当前的“数量较多、涉案金额巨大”,[①] 越来越成为当下极其隐蔽而又极具威胁金融管理秩序的一种犯罪。但是，在面对金融市场中的商业往来时，金融票证异常交易的情况越来越多，作为最能体现银行信用的五种票证的出具行为，无疑既要通过刑法给予最严厉的规制，但同时也意味着在适用违规出具金融票证罪的时候更应该做到准确严谨，以给予银行等金融机构出具金融凭证行为充分的保护，来更好地保障我国市场经济又好又快发展。

故而，对于当下发生的涉金融犯罪案件，克服司法惯有的评价逻辑（往往是依照刑法的法内逻辑），尊重金融行业的现实，避免机械地拆分金融某一业务链条上的数个行为，孤立地进行犯罪构成要件符合性的检视，同时跳出财产保护的思维，将市场中的金融逻辑纳入刑法场域，着眼于金融业务模式之整体，并穿透地、实质地、一体化地评价发生在金融业务模式中的系列

① 参见刘爱峰：《违规出具金融票证，缘何又“风生水起”?》，载《现代商业银行》2022年第14期。

行为，则可避免过多的金融行为被纳入刑法规制的范畴，真正的让刑法归位，实现其本质上的预防金融危险，保障金融秩序之机能。

▷ 相关法律法规 ◁

➤ **《刑法》**（2020 年修正，2021 年 3 月 1 日施行）

第一百八十八条 【违规出具金融票证罪】银行或者其他金融机构的工作人员违反规定，为他人出具信用证或者其他保函、票据、存单、资信证明，情节严重的，处五年以下有期徒刑或者拘役；情节特别严重的，处五年以上有期徒刑。

单位犯前款罪的，对单位判处罚金，并对其直接负责的主管人员和其他直接责任人员，依照前款的规定处罚。

➤ **《最高人民检察院 公安部关于公安机关管辖的刑事案件立案追诉标准的规定（二）》**（公通字〔2022〕12 号，2022 年 5 月 15 日施行）

第三十九条 〔违规出具金融票证案（刑法第一百八十八条）〕银行或者其他金融机构及其工作人员违反规定，为他人出具信用证或者其他保函、票据、存单、资信证明，涉嫌下列情形之一的，应予立案追诉：（一）违反规定为他人出具信用证或者其他保函、票据、存单、资信证明，数额在二百万元以上的；（二）违反规定为他人出具信用证或者其他保函、票据、存单、资信证明，造成直接经济损失数额在五十万元以上的；（三）多次违规出具信用证或者其他保函、票据、存单、资信证明的；（四）接受贿赂违规出具信用证或者其他保函、票据、存单、资信证明的；（五）其他情节严重的情形。

➤ **《最高人民法院刑事审判第一庭关于银行内部机构的工作人员以本部门与他人合办的公司为受益人开具信用证是否属于“为他人出具信用证”问题的复函》**（2000 年 6 月 27 日施行）

公安部经济犯罪侦查局：

你局公经［2000］481 号《关于认定非法出具金融票证行为的函》收

悉。经研究，答复如下：

刑法第188条非法出具金融票证罪规定的“为他人出具信用证”中的“他人”，是指银行或者其他金融机构以外的个人或者单位。银行内部机构的工作人员以本部门与他人合办的公司为受益人，违反规定开具信用证，属于为他人非法出具信用证。

➢ **《公安部关于对涉嫌非法出具金融票证犯罪案件涉及的部分法律问题的批复》**（公经〔2003〕88号，2013年1月27日施行）

四川省公安厅：

你厅《关于“4.20”案等案件涉及的部分法律问题的请示》（公厅经发［2002］97号）收悉。现批复如下：

一、关于损失的认定问题

对于借款人有下列情形之一，其借款不能归还的，应认定为损失：（一）法院宣布借款人破产，已清算完毕的；（二）借款人被依法撤销、关闭、解散，并终止法人资格的；（三）借款人虽未被依法终止法人资格，但生产经营活动已停止，借款人已名存实亡的；（四）借款人的经营活动虽未停止，但公司、企业已亏损严重，资不抵债的；（五）其他应认定为损失的情形。

关于损失的认定时间，应分为定罪损失和量刑损失两种情形来考虑：定罪损失是立案损失、成罪损失，应以公安机关立案时为标准；量刑损失是法院审理案件时的实际损失，以确定最终量刑幅度。

第七讲

对违法票据承兑、付款、保证罪

案例 13

刑法视野下对违法票据“承兑、付款、保证”的相对理解

一、案例介绍

2014 年，被告人张某为开展票据业务收购了安平贸易公司，该公司无任何资产及实体经营项目，且无工商注册地。

2015 年，张某又通过被告人黄某租赁了其（黄某）任职的村镇银行的同业账户，因张某开展票据业务需要某村镇银行的相关票据手续，黄某就向被告人张某提供了伪造的某村镇银行的公章、法定代表人印章、汇票专用章，盖有伪造印章的空白 A4 纸以及票据背书粘单。因张某曾在作票据业务的过程中，结识了时任被告单位 M 银行计划财务部副总、票据业务客户经理的被告人姚某。2015 年 6 月底，姚某主动找到张某，问其是否作商业承兑汇票的业务，张某决定作该业务，而姚某则主动要求张某在办理完该业务后向其支付好处费。

于是，在 2015 年 6 月底，张某告诉姚某，其准备以安平贸易公司作为出票方签发商业承兑汇票，并以某村镇银行作为直贴行。姚某则未按规定审查安平贸易公司的出票能力，仅告诉张某 M 银行与某村镇银行之间并没有商业承兑汇票的授信额度，不能直接开展商业承兑汇票的转贴现业务，需要有其他银行过渡才能开展转贴现业务。于是张某便又让孙某某（另案处理）联系了 N 农商行作为过桥行，姚某也指使他人以 M 银行的名义联系了 S 银行和 B 银行作为过桥行开展业务，并承诺 M 银行会在安平贸易公司签发的商业承兑

汇票上背书。上述工作完成后，姚某告诉张某可以出票，后张某便购买了空白的商业承兑汇票，开始签发汇票。

2015年7月1日，张某一次性签发了以安平贸易公司为出票方的6张面值分别为1亿元共计6亿元的无资金保证的商业承兑汇票，并在盖有伪造的某村镇银行印章的票据粘单上“被背书人处”，依次加盖了被告人张某控制的无实际经营项目的3个公司的印章，而后姚某让张某将上述6张商业承兑汇票直接送到M银行上海办事处。

2015年7月2日，被告人张某，被告单位M银行，被告人姚某在未将上述6张商业承兑汇票交给过桥行的情况下，开展了转贴现业务。张某联系N农商行，并指使了自己的工作人员通过腾讯QQ向N农商行发送了伪造的某村镇银行的《商业承兑汇票转贴现合同》，N农商行依据该村镇银行的转贴现合同，和该商业汇票上M银行的背书，在该转贴现合同上盖章，并与S银行签订了转贴现合同，S银行又与B银行签订了转贴现合同，B银行又与M银行签订了转贴现合同。

2015年7月2日，M银行将上述6张商业承兑汇票背书转让给C银行，C银行当日将5亿元贴现款支付给M银行，M银行将贴现款转给B银行、S银行、N银行，N银行将贴现款转至村镇银行中由被告人张某控制的同业账户，张某将贴现款转到自己控制的公司账户内。

经查，被告单位M银行违规从被告人张某处取得票据，应同时将贴现款转给直贴行，但被告单位违反规定主动联系过桥行，通过签订《商业承兑汇票转贴现合同》，将B银行作为前手，但并未同时支付贴现款给前手，而是将票据背书转让给C银行取得贴现款后才支付给前手。而且，被告单位M银行在收到被告人张某送去的6张商业承兑汇票后，应分别由被告人姚某及票据初审岗的工作人员见票审查票据真实性，但初审岗和复审岗在未见到票据的情况下就同意了该业务，并在票据粘单上加盖“M银行汇票专用章”及计财部负责人的印章，后背书转让给C银行，C银行向M银行支付转贴现款。前述村镇银行无票据中心，且未取得汇票业务资质。

该6张商业承兑汇票业务完成后，张某取得贴现款5亿余元，向姚某行贿240万元，其余用于购买商业承兑汇票、垫付他人债务，投资股票、偿还到期汇票款项。2016 年 1 月，6 张商业承兑汇票到期，而安平贸易公司无力兑付，遂案发。

二、焦点问题

本案的焦点问题为 M 银行为该 6 张无资金保证的商业承兑汇票进行背书，主导并参与商业承兑汇票在直贴行及过桥行之间的转贴现业务的行为究竟能否被认定为对违法票据承兑、付款、保证罪，具体为：

第一，M 银行在汇票转贴现过程中的支付行为是否构成对票据的承兑？

第二，M 银行在票据转贴现过程中的支付行为是否构成票据法上的"付款"？

第三，M 银行在汇票上的"背书"行为是否构成对票据的"保证"？

三、焦点分析

众所周知，在我国《刑法》规范的设计上，分则中的各具体规范，可以分为完备规范和空白规范。其中，空白规范，则是指《刑法》条文对于犯罪的构成要件没有作出完备的规定，适用时需要参照其他法律、法规；或者说构成要件的具体内容委任于其他法律、法规。[①] 反观《刑法》第 189 条规定了对违法票据承兑、付款、保证罪，不难看出，我国《刑法》对该罪的规定就属于空白刑法规范。所以对该罪的理解与适用，必须也要参照该条所指向的前置法，即《票据法》。因此，本文现结合《票据法》及相关金融法规来理解票据的承兑、付款及保证 3 种金融行为的法律属性，围绕本案焦点展开如下分析。

（一）转贴现合同下的"支付"不是"承兑"

《票据法》第 38 条规定，票据的承兑行为是指汇票付款人承诺在汇票到期日支付汇票金额的票据行为。据此可知，承兑则是专有的票据行为。根据九七年《商业汇票承兑、贴现与再贴现管理暂行办法》（银发〔1997〕216 号）的规定可知，转贴现则为金融机构为了取得资金，将未到期的已贴现商

① 参见张明楷：《刑法学》，法律出版社 2016 年版，第 27 页。

业汇票再以贴现方式向另一金融机构转让的票据行为，是金融机构间融通资金的一种方式。于是，仅仅是对比概念就能发现，票据的承兑是针对票据到期进行偿付票据款项的一种票据行为，而票据的贴现与转贴现则是在票据未到期前，为提前获取资金进行的一种资金融通行为。

具体到本案中，反观M银行在与前后手银行签订《商业承兑汇票转贴现合同》后进行票据资金的转贴现行为，便显然在行为性质上不同于票据的承兑行为，其本质上为金融机构之间的融资行为，完全不能将基于转贴现合同的支付行为，来等同于票据法上的承兑，二者绝不能被混为一谈。展开来讲，M银行与其转贴现流程中的各过桥行签订的《商业承兑汇票转贴现合同》，从民事法律关系上看，形成的是合同法律关系，也即M银行在本案支付的唯一的原因，是基于其与前后手银行分别签订的《商业承兑汇票转贴现合同》，完成合同项下的支付行为，只对其合同相对方承担支付责任，而承兑则需要对持票人承担付款责任。故涉案M银行转贴现过程中的支付行为，不属于票据法意义上的承兑，M银行支付转贴现款并不构成刑法规定的“对违法票据承兑”。票据承兑与票据转贴现在前置法上都归属于不同的金融行为，在《刑法》体系下展开对该罪名所规制的客观构成要件的理解时，理应注意与金融法体系下的专门规定保持相对统一。

（二）转贴现过程中的“支付”也不等同于“付款”

付款同样作为票据的法定特有行为之一，主要规定在我国《票据法》第二章第五节里，是指付款人或承兑人在票据到期时，对收款人或持票人支付票据金额，进行票据债务清偿的行为。但是这里需要注意的是，持票人应在提示付款期内向承兑人提示付款，也可以委托代理人进行提示。如果持票人没有按照规定的期限提示付款，在其作出有效说明后承兑人依然负有付款责任。当然在付款人进行提示付款时，承兑人也可拒绝付款，但需注明拒绝付款理由，持票人也可在票据到期后再次提示付款。然而，在本案中，正如前文提到的M银行与其转贴现流程中的各过桥行之间的资金流转，以及最终N银行实际将票据贴现款转入被告人实际控制的银行账户，这一过程中资金的支付与流转皆是基于过桥行之间的《商业承兑汇票转贴现合同》，该合同体现在民事法律关系上是一种合同法律关系，M银行实施的是合同项下的支付行为，而非作为票据持有人或是收款人在票据到期时，向其提示付款后作出的付款行为。

因此，涉案M银行转贴现过程中的支付行为，同样也不属于票据法意义上的票据到期时的付款行为，M银行在票据到期前支付转贴现款的行为亦不符合刑法规定的“对违法票据付款”这一构成要件行为。

（三）票据法上的“背书”亦区别于“保证”

应当明确的是，背书也是有着特定内涵的票据行为。具体根据《票据法》第27条可知，背书是指在票据背面或者粘单上记载有关事项并签章的票据行为。其中，以背书转让的汇票，在票据流转过程中，背书人应对其直接前手背书的真实性负责，同时背书人也要承担保证其后手所持汇票承兑和付款真实性的责任。背书人在其后手所持（后手是指在票据签章人之后签章的其他票据债务人）汇票得不到承兑或者付款时，应当向持票人清偿。

然而，“保证”在《票据法》中的内涵也有其特指。根据《票据法》第45条可知，汇票的债务可以由保证人承担保证责任。保证人由汇票债务人以外的他人担当。保证人需要对合法取得汇票的持票人所享有的汇票权利，承担保证责任，即汇票到期后得不到付款的，持票人有权向保证人请求付款，保证人应当足额付款。在保证人清偿汇票债务后，可以行使持票人对被保证人及其前手的追索权。所以，保证是指除票据债务人之外的第三者为担保债务人票据义务的履行，以承担同一内容的票据债务为目的的一种附属票据行为。票据的“保证”行为，是一种不同于票据的“背书”，特指对已经存在的票据上的债务进行担保的票据行为。

据此可知，M银行对涉案票据的背书行为，证明其只承担对后手的票据责任，而不对其前手承担票据责任。相反，假若本案中M银行作为保证人，则其应对合法取得汇票的持票人，不存在区分前手抑或后手一说，而是要对整个票据流转过程中的持票人承担到期后付款的责任。因此，票据的背书人不是票据的保证人，M银行并非对任何持票人都具有付款的责任，故M银行所实施的背书行为，并不属于保证行为，因此从这个角度来看M银行在违法票据上背书的行为也不符合对违法票据保证罪的构成要件。

（四）本案引发的其他刑事认定难题

围绕本案出现的焦点问题，本案中关于M银行的行为如何定性实则是存在多种不同意见的。有一种意见认为，M银行构成对违法票据承兑、付款、保证罪。因为根据我国《票据法》第10条的规定，票据的签发、取得和转让，都应当遵循诚实信用的原则，具有真实的交易关系和债权债务关系。在此前提下，M银行却在6张商业承兑汇票并不符合前述规定的情况下，仍然参与了该票据的空转，帮助张某完成贴现与转贴现。另外，又根据《票据法》第32条之规定，以背书转让的汇票，后手应当对其直接前手背书的真实性负责。本案中，作为直贴行的N农商行之所以愿意对票据进行贴现的一个关键原因就是，该票据上有M银行的背书，故M银行对违法票据先进行背书的行为及后续参与转贴现的行为使得持票行最终遭受损失，M银行的行为构成对违法票据承兑、付款、保证罪。

还有一种意见则认为，M银行不构成对违法票据承兑、付款、保证罪，但构成票据诈骗罪。因为在本案中，M银行在参与商业承兑汇票的转贴现过程中支付贴现款的行为是合同法上的支付行为，而非票据法中的付款行为，M银行在商业承兑汇票上的背书行为更不是票据法上的承兑或保证，无论是承兑还是保证都在票据法中有着专门的规定，不能将背书产生的对票据后手承担支付责任等同于承兑票据责任，既不能将背书与承兑、保证相混淆，也要区分支付贴现款与付款行为的不同。故M银行对违法票据进行背书及转贴现的行为不构成刑法上的对违法票据承兑、付款、保证罪，由于本案涉及的商业承兑汇票没有资金保证，故可考虑从票据诈骗罪的角度进行规制。

除前述两种意见外，仍存在观点认为本案既不成立对违法票据承兑、付款、保证罪，也不构成票据诈骗罪，对涉案银行的行为的评价可以考虑以违法发放贷款罪予以规制，又或者是认为从骗取票据承兑的共犯角度进行评价，甚至也可以从职务犯罪的角度来分析。

上述各种意见的分歧，不难看出是在于应如何理解刑法上规定的票据的承兑、票据的付款及票据的保证3种行为。对于前两种意见，不再赘述。但尚存在的其他意见，一定程度上说明了本罪的刑事认定上还面临着其他难题。为保证文章对违法票据承兑、付款、保证罪的研究能够落到实处与深处，结合对该罪名的检索情况，参考该罪名的有关文献著作，对于本案引发的该类罪名存在的其他一些认定难题，笔者认为我们不应跳过难题，而应做到有所了解、有所关切后，能敢于正视难题并明确表现出自己应有的态度与认识。有鉴于此，围绕不同意见体现出的认定难题，这里继续展开分析。

首先，在上述这个票据事件中，M 银行的行为并不构成对违法票据承兑、付款、保证罪，也即 M 银行并未实施任何对违法票据的承兑、付款及保证的行为。但结合前述的票据承兑的法律概念，可以延伸出另一个问题，即能否将《刑法》规定票据承兑等同于发放贷款进行理解与评价，而这一问题的分析则涉及对违法票据承兑、付款、保证罪与违法发放贷款罪的区分问题。

根据《贷款通则》（中国人民银行令〔1996 年 2 号〕）中的规定可知，贷款是货币资金，是由贷款人向借款人提供的，按约定和期限偿还本金并支付利息，对照前述票据承兑的法律概念，可见票据承兑与贷款在金融法律体系下亦属于不同的金融行为，但是由于目前在相关的法律中，对承兑手续的规定均较为笼统，实务中各商业银行金融机构往往更多会依循贷款程序来办理票据承兑，如此能否将票据承兑等同于贷款发放呢？答案显然是否定的。因为，在金融法律体系上，票据承兑或许会与贷款发放在功能上和办理程序上有交叉，但是在行为性质、主体、期限及办理条件等方面仍然存在明显差异。[①] 作为法定的票据行为之一，票据承兑人具有对汇票绝对的、最终的付款义务，持票人对票据请求付款的期待权转化为现实请求权等法律效力。而贷款是货币资金，是由贷款人提供的一种向外借出货币资金的信用活动形式，本质上贷款双方之间成立的是一种债权债务关系，由借款人向贷款人借款，到期向贷款人还款付息。

继续从相关金融法律法规出发还可知，诸如在主体方面，能够进行票据承兑的主体是商业银行、政策性银行及经其授权或转授权的银行分支机构，除此之外的机构、分支机构均不得从事承兑汇票业务，而贷款的主体则不同，除了银行等，还包括其他符合法定条件的金融机构，范围上远广于票据承兑的主体。而在期限方面，票据承兑的期限则往往不超过 6 个月，发放贷款则

---

① 参见叶永禄主编：《票据法教程》，上海交通大学出版社 2012 年版，第 176 页。

最长不超过10年，而且还可以展期等都佐证了票据承兑与贷款是不能等同的金融行为。此外，关于票据承兑不能等同于贷款这一点，从我国《刑法》第175条之一规定的骗取贷款、票据承兑、金融票证罪的罪名设计上看，也能知道票据承兑与贷款在本质上是相互区别的。

其次，关于对违法票据承兑、付款、保证罪与内外勾结下骗取票据承兑罪的共犯也应当加以区分。对金融领域常发的，内部业务人员与外部人员勾结，由金融机构工作人员实施对违法票据承兑的违法犯罪行为，在刑法理论层面上一般会认定涉案金融机构工作人员成立骗取票据承兑犯罪的共犯，但是在司法实践中该类案件却仍存在认定何罪共犯的争议。究其原因，在于没有根据实际情况对两罪的认定标准进行细化，因此要在此类内外勾结的案件中作出正确的司法认定，应当以两罪的基本构成要件上的差异为基础，从不法和有责两个层面进行辨析。①

在不法阶层，对违法票据承兑罪与骗取票据承兑罪在客观危害行为方面的表现也有所不同。前罪是在缺乏审查、忽视票据违法性的情况下对违法票据进行承兑；而后罪中往往是行为人亲自参与到具体行为中，通常表现为去与金融机构外的犯罪人合谋商议，进行分工，典型表现为在司法实践中，银行等金融机构工作人员，主动参与制作、提供虚假购销合同、资金流水等帮助出票人顺利签发票据。

在有责阶层，对违法票据承兑罪和骗取承兑罪的区分可以从两罪要求行为人的主观过错切入。对违法票据承兑罪在主观要求是过失犯罪；而骗取票据承兑罪既可以为故意，也有可能为过于自信的过失心理。详言之，在认识要素上，对违法票据承兑罪的行为人知晓自己办理票据承兑业务的行为存在违法违规，并且预见自身的行为可能引发重大损失。在意志要素方面，对违法票据承兑罪的行为人对于自身行为所导致的重大损失后果，或是疏忽大意未能认识到，或是过于自信能够避免，本质上都是对结果持排斥态度。而骗取票据承兑罪，则往往都是对于危害结果持追求或者放任的态度。

---

① 参见陈琪琪：《对违法票据承兑、付款、保证罪司法认定研究》，西南政法大学2021年硕士学位论文，第30－31页。

当然，在内外勾结，通过对违法票据进行承兑骗取银行票据承兑的案件，对涉案金融机构工作人员，刑法理论上既有数罪并罚的主张，也有想象竞合应从一重的说法。从检索到的裁判文书来看，审判人员对于此类案件常常采取从一罪论处。在笔者看来，亦赞成作一罪处理，在理由上则是因该两罪行为存在较为紧密的牵连关系，完全可作牵连犯来处理。那何为牵连犯？一般认为，牵连犯是指犯罪的手段行为或结果行为，与目的行为或原因行为分别触碰不同罪名的情况。具体来说，即在犯罪行为可分为手段行为和目的行为时，如果手段行为与目的行为分别触犯不同罪名，便成立牵连犯；在犯罪行为可分为原因行为与结果行为时，若原因行为与结果行为分别触犯不同罪名，便成立牵连犯。①

据此，我们可以知道牵连犯具备两个特征，一是行为人必须有两个行为，而且分别触犯了不同罪名；二是两行为之间存在因果或者手段与目的的关系。但是需要明确的是，只有当行为人主观上将某种行为作为目的的手段行为或者作为原因行为的结果行为，并且目的行为与手段行为、原因行为与结果行为存在类型性的关联时，才能视为牵连犯。至于类型性的关联，则是指在经验层面上，某种犯罪通常被作为实施他种犯罪的手段，或者某种原因行为通常导致某种结果行为；在规范层面上，两罪之间的关联性也已为立法者考虑，按其中一罪的犯罪构成评价足以容纳另一罪行在法益侵害性上的内容。所以回到通过对违法票据进行承兑来骗取票据承兑上来，一方面，行为人实施了骗取金融机构票据承兑的行为，另一方面，行为人因职权也对违法票据进行了承兑，符合了两个行为分别构成不同的罪名，而且两个行为之间也具有手段与目的的关系。因此从这个层面上讲，将骗取票据承兑作为目的行为，对违法票据进行承兑属于手段行为，那么从目的与手段的关联关系上来看，完全可将该种情形认定为牵连犯。

再回到本案中，当行为人为骗得金融机构票据承兑所进行的一系列骗取行为属于目的行为，行为人对违法票据进行承兑的行为，属于为达成骗取目的而为的手段行为。根据主客观相统一的判定标准，主观上，行为人有以对

---

① 参见张明楷：《刑法学》，法律出版社2016年版，第490页。

违法票据进行承兑作为骗取票据承兑的手段行为的意思，客观上，该行为属于社会生活中金融机构工作人员依职权便利谋取利益的常见牵连关系，两行为之间明显存在牵连关系，符合牵连犯的认定，本质上应属于犯一罪，而非简单的数罪。

最后，对违法票据承兑、付款、保证罪在认定过程中存在与职务犯罪的罪数认定问题上，也可拆分出不同情形来讨论，也即，当行为人对违法票据承兑的行为同时与贪污、受贿、职务侵占及挪用等职务类犯罪竞合的情况下，由于所涉及的法益有别，罪数的认定便也应当分情况讨论。具体讨论如下：

其一，当金融机构工作人员，仅仅是以对违法票据承兑、付款、保证作为形式手段，实则为侵吞、窃取公司或单位的公共或非公共财物的，毫无疑问应当以贪污罪或职务侵占罪来定罪科刑。但在这种情况下，行为人具备故意的犯罪心理，即其明知会带来金融机构的重大经济、信誉等损失，甚至会引起系统性金融风险，但仍希望达到非法占有公私财物的犯罪目的，因此行为人对于出现的侵犯公私财物及破坏金融市场管理秩序的两种犯罪结果不仅是明知而且都是积极追求发生或持容忍的态度。所以，对其使用的对违法票据承兑、付款、保证的手段，有无再单独评价为构成对违法票据承兑、付款、保证罪的需要则是我们需要注意的。具体来讲，即便我们再回到贪污及职务侵占罪的法益上来看，贪污及职务侵占行为不仅侵犯了职务行为的廉洁性，同时也侵犯了公、私财产，但其主要是侵犯财产的犯罪，不属于侵犯国家法益的犯罪。然而，对违法票据承兑、付款、保证罪的法益则为我国的金融管理秩序，并非侵犯财产的犯罪，在本质上还是区别于贪污及职务侵占类犯罪的。因此，此时便属于典型的行为人实施了一个行为，符合了数个刑法上规定的犯罪构成，但触犯了数个法益，也即一个行为触犯了数个罪名，而且该两种罪名属于不同种类，这便属于不同种类的想象竞合犯。对于此种犯罪的处理原则，本文亦赞成对该不同种类的想象竞合犯，应在判决书中逐一列出行为所构成的罪名，但只需按照其中较重犯罪的法定刑选择科处一个刑罚即可，也即选择以较重的贪污或职务侵占犯罪来适用法定刑。

其二，行为人通过对违法票据承兑、付款、保证挪用公款、挪用资金的，可参照以违规办理票据承兑骗取金融机构票据承兑案件的罪数处断标准，以牵连犯来认定，选择从一重罪论处。不同于前种情形，在这种类型的案件中行为人实施了两个可以独立成罪的行为，行为人以故意心理实施了对违法票据承兑、付款、保证的行为，造成了重大损失，同样是满足了两个罪名的犯罪构成。但是，这两个行为之间却存在明显的牵连关系，即行为人为达挪用公款、挪用资金的目的而实施票据渎职行为，故虽是两个行为，但具体拆分便可以认为挪用公款或挪用资金是目的（原因）行为，对违法票据承兑、付款、保证为手段（结果）行为，而且为达该目的行为，通常会使用该手段行为，便可以认定行为人的该两个行为之间存在密切关联性，属于牵连犯，可选择从一重论处。但是在司法实践中应当谨慎适用牵连犯的适用范围，防止不当扩大适用牵连犯的情形出现，从而保障刑法预防功能的实现。

其三，国家金融机构工作人员在受贿后，出于为他人谋取利益的目的对违法票据进行承兑、付款、保证的则应当数罪并罚。其原因也不复杂，因为在这种情况下，行为人接受贿赂为他人谋利的行为，与对违法票据承兑、付款、保证并造成金融机构重大损失这一行为，各自侵犯了不同的刑法所保护的法益，在这种数行为侵犯数法益的情况下，认定为数罪才能够全面、完整地作出对行为人的刑法评价。再具体而言就是，行为人收受贿赂的行为，与对违法票据承兑、付款、保证的行为各自构成了不同的犯罪，且对应着具体的刑法罪名，排除了想象竞合、法条竞合等要求的一行为触犯数罪的情况，而且该两种行为牵连并达不到评价为牵连犯所要求的密切关联程度，无法认定为类型性关联，从而无法评价为牵连犯、抑或包容犯。

这一结论在我国司法解释中也能够得到规范支撑，即在《最高人民法院、最高人民检察院关于办理贪污贿赂刑事案件适用法律若干问题的解释》中，其第 17 条明确规定了，当国家工作人员同时触犯受贿罪与渎职犯罪时，应作数罪并罚。不难看出，该规定再次重申上述情况应作数罪定处的本质，也侧面体现了刑事司法对受贿犯罪的从严态度。而再回到对违法票据承兑、付款、保证行为上，其本质也是一种发生在银行等金融机构中的票据渎职行为，在行为人又实施了受贿行为的同时，实施数罪并罚本身也是尊重和遵循了刑事司法的逻辑与刑事立法的精神。

众所皆知，刑事司法对于经济生活中的金融行为的干涉应当有所限度，否则金融市场就没有办法真正的被保护，市场经济就没有办法真正的被发展。所以，作为法律人，当我们站在刑法视阈下去研究、讨论对违法票据承兑、付款、保证罪时，哪怕很多时候我们习惯于使用片段性的知识，但也必须要有整体性、全局性的知识，注意整体性知识的运用，懂得前后关照。① 因为仅仅掌握片段性的、单一的学科知识，没有体系性的知识，缺乏全局观是有害的，会造成很严重的案件裁判后果，甚至会造成《刑法》与前置法的脱钩，刑事司法精神与刑事立法本意的错位，以及司法秩序的混乱局面。这一点也在刑罚论抑或罪数论的领域表现的更为充分，因为当我们把如何规范认定对违法票据承兑、付款、保证罪理解为对该种票据行为的犯罪论研究，那么如何对该行为科处刑罚则可称之为该罪的刑罚论。虽长期以来，传统的刑事司法活动，常常是重视犯罪论，轻视刑罚论，然而，面对金融犯罪行为，我们却应当更为重视运用整体性思维、一般预防与特别预防相结合的观念来讨论对金融犯罪行为及有关行为人的相关处罚问题，不把《刑法》视野下对该罪行认定的观点绝对化。也正是如此，本文愿再次强调前述内容皆为站在特定立场形成的一种相对理解的产物，关于对违法票据承兑、付款、保证行为在司法实践中存在的罪与非罪、此罪与彼罪、一罪与数罪的其他观点主张，本文并不认为存在绝对正确或绝对错误的观点，只有谁比谁更能在当下市场经济活动以及立法司法环境下“说得通”。

故对该罪刑与罚的认定也不可能是本文前述可以完全做到的，笔者未来仍会对票据法理论知识、票据市场在实务中的发展机制及金融机构的变通与创新操作，以及我国刑法对票据犯罪的惩罚与预防走向等诸多领域保持进一步的关注、探索与研究，不断形成立足于我国票据市场发展阶段下更合理，更能说得通的主张。

▷ 相关法律法规 ◁

➢ 《刑法》（2020 年修正，2021 年 3 月 1 日施行）

第一百八十九条 【对违法票据承兑、付款、保证罪】银行或者其他金

① 参见周光权：《刑法学习定律》，北京大学出版社 2019 年版，第 108－111 页。

融机构的工作人员在票据业务中，对违反票据法规定的票据予以承兑、付款或者保证，造成重大损失的，处五年以下有期徒刑或者拘役；造成特别重大损失的，处五年以上有期徒刑。

单位犯前款罪的，对单位判处罚金，并对其直接负责的主管人员和其他直接责任人员，依照前款的规定处罚。

➢ **《最高人民检察院、公安部关于公安机关管辖的刑事案件立案追诉标准的规定（二）》**（公通字〔2022〕12号，2022年5月15日施行）

第四十条　〔对违法票据承兑、付款、保证案（刑法第一百八十九条）〕银行或者其他金融机构及其工作人员在票据业务中，对违反票据法规定的票据予以承兑、付款或者保证，造成直接经济损失数额在五十万元以上的，应予立案追诉。

第八讲

贷款诈骗罪

第八章

卵巢的保养

案例 14

浅议贷款诈骗罪

——以“何某借新还旧案”为例

一、案例

2013 年，中国工商银行某支行未严格审查甲公司的资信、贷款偿还能力，在明知甲公司提供的质押物存在虚假的情况下，对甲公司发放 1900 万元贷款，导致该贷款逾期形成不良。2014 年 12 月，被告人何某上任该支行行长，为了降低银行贷款不良率。经银行内部开会研究决定，何某与甲公司法人郑某协商以郑某女婿刘某名下乙公司名义重新申请贷款，贷款金额优先用于归还甲公司的 1900 万元逾期贷款本息。

刘某找到丙公司，以共同使用贷款资金为由与丙公司合作，要求丙公司提供抵押担保。后丙公司以帮政府代建的“财富家园”小区土地使用权（预售几百户业主已将所购房屋的土地使用权向银行抵押申请按揭贷款）为乙公司提供抵押担保，双方签订《资金共管协议》。后刘某在银行工作人员的帮助下制作虚假贷款资料成功贷款 2500 万元，贷款发放当日由银行工作人员将 1980 万元转入银行账户抵扣甲公司贷款本息，预留乙公司 2500 万元贷款利息 70 万元，剩余 450 万元拨付至刘某指定账户，刘某将 450 万元用于生产经营。2015 年乙公司无力偿还该笔贷款，银行将该笔贷款作为不良资产处置给丁公司，丁公司向法院起诉丙公司承担担保责任，丙公司向公安机关报案，一审法院判决被告人何某、郑某、刘某犯贷款诈骗罪，该案经过发回重审后改判何某构成违法发放贷款罪。

二、焦点问题

问题一，此案中，谁是被害人，担保人也受到欺骗，但法院为何未对担保人受骗做出法律评价？

问题二，借新还旧案件中，银行陷入错误认识的判断标准是什么？

问题三，何某构成贷款诈骗罪共犯还是构成违法发放贷款罪？

三、分析

一直以来，银行经营情况关乎市场经济稳定，为满足降低不良贷款的指标要求，银行采用各种方式处置不良贷款。“借新还旧”是惯用手法之一，银行通过展期、续贷、发放它项等值或超额贷款来偿还到期贷款，有效规避了银行财务隐藏的风险，对于短期内降低银行不良贷款率可谓是立竿见影。实操中，此类贷款往往经过银行集体决策，由银行工作人员指导、配合借款人共同完成相关贷款手续，延长还款期限，短期内规避财务风险，后因贷款再次逾期不还导致案发。司法实践中，借款人多被判处贷款诈骗罪，相关银行工作人员则会被以贷款诈骗罪共犯处理，笔者认为该罪名认定违背了诈骗犯罪的基本构造，忽视了贷款诈骗罪中的“欺骗性”要件，罪名定性存在逻辑错误。本文通过笔者亲历的案件，以何某的视角，试图分析银行工作人员在此类案件中的具体认定问题。

（一）贷款诈骗罪的行为对象——谁是被害人？

《刑法》第193条明确规定：贷款诈骗罪是指行为人以非法占有为目的，使用虚假的经济合同、虚假的证明文件、虚假的产权证明作担保或者超出抵押物价值重复担保等其他方式，诈骗银行或者其他金融机构的贷款，数额较大的行为。

贷款诈骗罪限定“贷款”二字，“贷款”指的就是银行或者其他金融机构向借款人提供的需要在期限内偿还利息的货币资金。“诈骗银行或者其他金融机构的贷款”即为贷款诈骗罪的客观行为。所以，只有经中国人民银行批准经营贷款业务，并持有中国人民银行颁发的金融机构法人许可证和金融机构营业许可证，且经工商行政管理部门核准登记的银行或者其他金融机构，才能成为贷款诈骗罪的被害人。①

在何某案件中，笔者摘录起诉书指控犯罪事实的部分内容：2014 年 12 月，被告人何某、郑某、刘某等人为了清偿 2013 年 10 月工商银行某支行发放给甲公司的贷款本息，经共谋欺骗丙公司将“财富家园”项目土地使用权抵押，于 2014 年 12 月 25 日以乙公司的名义向工商银行某支行诈骗贷款 2500 万元，后将其中 1980 万元贷款抵扣甲公司的 1900 万元贷款本息，预留 2500 万元贷款的利息 70 万元后，剩余 450 万元拨付至乙公司法人刘某指定的账户中。

该起诉书实际认定本案存在两个“被害”主体，一个是贷款银行，一个是提供担保的丙公司。但一审法院认定各被告人共同诈骗银行贷款，判决各被告人犯贷款诈骗罪，所认定的受害人仅为贷款银行，未对借款人与担保人之间的法律关系作出评价。不可否认的是，担保人在案件中，也受到了欺骗并且面临承担担保责任的风险。

本案中，刘某隐瞒 2500 万元贷款资金发放后用于偿还甲公司 1980 万元贷款本息的客观事实，以共同使用贷款资金为由取得丙公司信任，诱使丙公司以土地使用权为其担保，再通过编造虚假材料等手段成功取得银行贷款，最终贷款逾期，担保人很有可能承担担保责任。

学界将此类行为称之为“双重欺诈”，司法实践中各地法院对“双重欺诈”的认定态度主要有三种。法院一认为，行为人居于获得银行贷款的一个犯罪目的实施两个犯罪行为，欺诈担保人系获取贷款的手段行为，欺诈银行系获取贷款的目的行为，应以牵连犯认定，择一重罪处罚。法院二认为，行为人欺诈担保人非法占有担保物，构成合同诈骗罪；欺诈银行非法占有贷款，构成贷款诈骗罪，应当数罪并罚。法院三认为，谁实际损失，谁就是被害人。如果担保人没有遭受损失，行为人欺骗担保人提供担保属于民事欺诈，可通过合同无效解决，欺骗银行获得贷款系刑事欺诈，应追究刑事责任；如果银行已通过担保物变现优先受偿贷款，担保人遭受损失，那么行为人欺骗担保人的行为系刑事欺诈，应追究刑事责任。

---

① 参见张明楷：《诈骗犯罪论》，法律出版社 2021 年版第 667 页。

笔者认为，三个法院的认定都有其道理，但是正如法院三所主张的，在双重欺诈的基础之下，理论上担保人和银行都可以成为被害人，被害人可以共存，而财产损失却具有择一性，银行贷款未返还，或者担保人最终承担了担保责任。在这种情况下，认定一罪还是认定两罪，是值得深究的问题。

贷款诈骗罪与合同诈骗罪都规定在《刑法》分则第三章“破坏社会主义市场经济秩序罪”中，而贷款诈骗罪规定于第五节“金融诈骗罪”中，合同诈骗罪规定于第八节“扰乱市场秩序罪”中。显然两罪所保护的法益存在不同，贷款诈骗罪保护的是国家金融管理制度及银行或者其他金融机构对贷款的所有权；合同诈骗罪保护的是市场秩序与对方当事人的财产权。《刑法》第224条将合同诈骗罪定义为“以非法占有为目的，在签订、履行合同过程中，骗取对方当事人财物，数额较大的”行为。法条明确规定了数额较大的标准，意即此罪为结果犯而非行为犯。

在双重欺诈的案件中，担保人与银行签订抵押担保合同，该合同依附于借款人与银行签订的贷款合同，而非依附于借款人与担保人之间的其他合同（很多情况下借款人与担保人之间并不单独签订合同），担保责任只有在借款人无法履行贷款合同约定的偿还义务的情况下才会被银行主张。只有在担保人承担担保责任之后，借款人的偿还责任才会被免除，担保人被诈骗的损失才会产生。反之，在担保人未承担担保责任之前，担保人的担保责任仅是一种可能免除借款人偿还借款责任的预期利益，在尚未出现危害结果的情况下，将该行为直接认定为合同诈骗罪，笔者认为存在不妥。

所以，笔者赞同刑民交叉的观点，即行为人与银行签订的贷款合同是主合同，银行与担保人签订的抵押担保合同是从合同，当主合同系欺诈签订并涉嫌犯罪时，主合同无效，担保人无过错的，无须对该无效合同承担担保责任；如果已经承担担保责任的，而银行在此过程中无过错的，担保人向借款人主张民事追偿，构成刑事犯罪的，单独追究刑事责任。由此，也解决了双重欺诈下财产损失择一性的问题。

回归到何某案件中，丙公司虽然在一定程度上受到了刘某的欺骗，但从实害的结果上看，丙公司未承担担保责任，未因此遭受损失，危害结果尚未发生，不予单独评价为合同诈骗罪。另外，丙公司在担保过程中，也存在过错，并非无辜第三人。

丙公司同意为贷款提供抵押担保的前提是与刘某共同使用贷款资金，为了确保共同使用贷款资金，丙公司甚至与刘某签订《资金共管协议》对刘某使用贷款进行约束。从提供抵押担保的动机来看，丙公司名为担保人实为共同借款人，意图在取得贷款后改变资金用途，其显然也具有骗取贷款的故意。

另外，丙公司所提供的抵押担保属于不足值担保，或者属于无价值担保。丙公司以帮助政府代建的“财富家园”小区土地使用权进行抵押，但该小区住房已预售几百户，相关业主已将房屋产权用于银行抵押申请按揭贷款，加之代建尚未完工，丙公司所提供的抵押物实际上抵押价值已经不足2500万元甚至可能为零，丙公司对该情况明知并故意进行了隐瞒。

《刑法》第193条第4项将“……使用虚假的产权证明作担保或者超出抵押物价值重复担保”规定为贷款诈骗罪的客观行为之一；《刑法》第175条之一骗取贷款罪同样将提供虚假抵押作为骗取贷款罪的欺骗手段之一。居于此原因，仅从借款人、担保人的角度上看，该笔贷款从申请环节便不具有合法性，二人甚至可评价为共同骗取银行贷款。即使银行工作人员的行为不违法，2500万元的抵押贷款也无法正常发放。

所以，笔者认为，虽然本案《起诉书》中明确将借款人刘某欺骗丙公司的行为列明并进行强调，但一审法院未将担保人评价为受害人，一方面居于丙公司未承担担保责任的实害结果，另一方面也考虑了其瑕疵担保人的客观事实。

（二）借新还旧案件中，银行陷入错误认识的判断标准是什么？

贷款诈骗罪侵犯的是金融管理秩序和贷款资金的所有权，金融诈骗罪作为特别条款，犯罪构成须满足普通诈骗罪的构成要件，指控“诈骗手段”成立，则必然有一方行骗，另一方受骗。但是，如果银行全程没有陷入错误认识，或者早已识破行为人的欺诈行为，那么银行就不会居于欺诈行为作出财产处分决定，若银行与一般主体没有非法占有的共同犯罪故意，那么全案也就不能笼统认定为金融诈骗罪。可以看出，银行有没有被骗是金融诈骗罪的核心要素，那么如何判断银行是否被骗？或者说，银行被骗的标志到底是什么？

我国民法与刑法均承认法人是客观存在的主体，而银行当然也是客观存在的法人主体。法人由多个自然人或者集体组成，由自然人或集体根据法律、公司章程的规定推选具体的个人作为法人代表，赋予具体的处分权限，对内管理事务，对外代表法人从事活动。法人的意志由集体意志体现，而其中的集体也是由个人组成，个人经过协商、沟通共同做出决策，体现法人意志。所以，法人的行为离不开具体的个人，这也是刑法对单位犯罪实施双罚制的原因（对单位判处罚金刑时，必然会追究直接责任人员和主管人员的刑事责任）。同理，想要诈骗法人的财产，必然要使有处分法人财产权限或地位的自然人陷入错误认识，才能取得法人财产，不对具体的自然人实施诈骗，不可能取得法人财产。

同理，《刑法》第193条的规定，“……以非法占有为目的，诈骗银行或者其他金融机构的贷款，数额较大的……”构成贷款诈骗罪。此规定所描述的“诈骗银行或者其他金融机构的贷款”，只是表明行为人骗取的对象是银行或者其他金融机构的贷款，不是说银行或者金融机构是受骗人。行为人只有对银行内具有财产处分权限或地位的自然人实施诈骗，使之陷入错误认识处分财物，才有可能取得贷款。此时，被骗的主体是银行内具有财产处分权限或地位的自然人，而不是银行独立的法人主体。

财产处分权限或者地位，不仅包括法律上的权限或者地位，也包括事实上的权限或者地位。[①] 居于此，司法实践中，一般将具有法律及事实权限、地位的银行行长陷入错误认识作为认定银行陷入错误认识的标准。何某案件中，从在案证据上看，不仅具有处分权限和地位的行长何某没有陷入错误认识，工商银行内的基层信贷员和高层审核员都未陷入错误认识。

工商银行内部有一套非常完备的信贷业务审批发放流程，各级别银行行长审批权限均具有限制。由支行发起的信贷业务，超出审批权限的，须报上一级（二级分行）银行授信部审查—审查人尽职调查—集体审议—二级分行行长或支行行长按业务双签原则签批等。每一笔资金借出，均需集体审议，

① 参见万晓波：《金融诈骗犯罪实务难点三题——基于对扶某、魏某内外勾结骗取贷款案的分析》，西南政法大学2010年硕士学位论文。

经上级银行复核、审批。

此案中，2500万元借新还旧的方案系银行相关领导开会研究决定，参会人员均不同程度参与2500万元贷款的审查、复核、审批、签批工作。在具体实施过程中，上级银行还专门委派风险管理部门领导成立工作小组对借新还旧方案的实施进行监督。可以说，整个流程，包括方案设计、实施、贷款发放、借款抵扣，各环节所涉及的银行工作人员均未陷入错误认识，借款人和贷款人各取所需，这是一个所有人都心知肚明的违法放贷案件。如果以具有财产处分权限和地位的银行行长是否被骗作为认定银行是否陷入错误认识的标准，在这个案件中，行长显然没有被骗，那么银行也不可能受骗；除去银行行长之外其他信贷员等主要负责人员，实际上也均未陷入错误认识。所以，一审法院在无受骗人的情况下认定各被告人成立贷款诈骗罪，明显出现了认定逻辑的混乱。

（三）何某构成贷款诈骗罪共犯还是构成违法发放贷款罪？

1. 何某无法成立贷款诈骗罪共犯

不论是金融诈骗罪，还是普通诈骗罪，都是目的犯。成立贷款诈骗罪必须要以行为人具有非法占有贷款资金的主观目的为前提要件，这也是区别贷款诈骗罪与违法发放贷款罪的关键要素，但仅从行为人的供述很难判断其是否具有非法占有目的，因此对于非法占有目的的认定，基本都是以客观行为进行推定。

《刑法》第193条对认定行为人的非法占有目的列明了五项客观行为：（1）编造引进资金、项目等虚假理由的；（2）使用虚假的经济合同的；（3）使用虚假的证明文件的；（4）使用虚假的产权证明作担保或者超出抵押物价值重复担保的；（5）以其他方法诈骗贷款的。

《全国法院审理金融犯罪案件工作座谈会纪要》同样列明了七种认定非法占有目的的情形：（1）明知没有归还能力而大量骗取资金的；（2）非法获取资金后逃跑的；（3）肆意挥霍骗取资金的；（4）使用骗取的资金进行违法犯罪活动的；（5）抽逃、转移资金、隐匿财产，以逃避返还资金的；（6）隐匿、销毁账目，或者搞假破产、假倒闭，以逃避返还资金的；（7）其他非法占有资金、拒不返还的行为。

如果说《刑法》第193条所列明的只是行为，那么《全国法院审理金融犯罪案件工作座谈会纪要》中所列明的就包括了结果，所谓的诈骗结果就是不还钱。笔者查阅了大量的司法案例，可以说贷款诈骗案件基本都是由于借款人逾期未还款而引发。侦查机关在对该类案件立案时往往会以结果倒推进行判断，从没有还钱倒推是否有欺诈手段，最终得出万能公式：没有还钱+有欺诈手段=具有非法占有目的=贷款诈骗罪。

为避免过分公式化客观归罪，司法机关通过《刑事审判参考》中案例对非法占有目的认定作出了充分解读。

例如《刑事审判参考》中所载的“郭某某贷款诈骗案”。法院认定：行为人虽然在申请贷款时使用了欺骗手段，但其目的是解决生产、经营或生活中的一时急需，并且案发时能够归还贷款，或者因为非主观因素而无法还贷（如因经营不善、被骗、市场风险等），不应以贷款诈骗罪定罪处罚。

例如《刑事审判参考》中所载的“吴某某贷款诈骗案”。法院认定：行为人合法取得贷款，提供有效抵押物，贷款过程中违规改变贷款用途，到期没有归还贷款的，不能以贷款诈骗罪定罪处罚。

诈骗罪作为一个财产犯罪，一定会有欺诈行为，但是有欺诈行为不一定就构成诈骗罪。对于行为人是否具有非法占有目的，除是否偿还贷款的客观事实之外，还需要结合合同效力、行为人的履约能力、还款可能性、还款态度等多方面综合考虑。

本案中，2500万元贷款在发放当日便由银行工作人员将1980万元转入银行账户抵扣甲公司1900万元贷款本息，预留2500万元贷款利息70万元，剩余450万元拨付至刘某指定的账户。从何某角度出发，全案证据能够证明其发放2500万元贷款目的仅是短期内解决不良贷款问题，主观上还是想通过延长还款时间让刘某、郑某想办法偿还贷款。刘某、郑某以及丙公司的担保，足以让何某相信二人有能力归还2500万元贷款，因此在缺失何某与刘某犯罪共谋直接证据的情况下，也无法推定何某主观上具有非法占有目的，仅从该主观要素分析，便不能认定何某成立贷款诈骗罪共犯。

实际上，笔者认为本案还存在一个漏洞，刘某最终使用的450万元贷款资金，才是评价何某与刘某是否具有非法占有目的的关键要素。遗憾的是，本案中侦查机关未针对该450万元贷款资金去向、乙公司及刘某的还款能力等进行侦查，加上何某与刘某在供述中否认具有非法占有目的，因此该要素并未在审判中得到重视。不过，倘若有充分证据证实何某和刘某具有非法占有450万元贷款资金的犯罪共谋，何某是否可以成立贷款诈骗罪呢？笔者认为，也不能。因为，笔者上文已对银行未陷入错误认识进行过论述，笔者认为本案不具备完整的诈骗罪构造，根本无法成立贷款诈骗罪，至于二人非法占有450万元资金的行为，只能从何某身份犯的角度评价是否成立贪污罪或者职务侵占罪。

2. *以违法发放贷款罪对何某定罪处罚较为适宜*

违法发放贷款罪是指银行或者其他金融机构的工作人员违反国家规定发放贷款，数额巨大的行为。有学者主张违法发放贷款罪存在故意和过失两种罪过形式。单独从贷款发放人的角度出发，无论其居于故意还是过失，其对于违反国家规定发放巨额贷款，侵犯国家金融管理秩序及危害贷款资金安全的行为，理应受到刑法规制。

笔者认为，何某案件中，不能以诈骗罪对该案定罪处罚，但也不能对其放任不管。此笔贷款能够成功发放的重要原因之一，即为何某等人的银行工作人员身份，何某作为具有决策权的银行行长，对于银行行长的职责及银行的各项贷款管理规定具有比一般人更为清晰的认知，无论出于何种动机，其明知贷款材料虚假而发放贷款的行为确实已经违反了国家规定，事后2500万元贷款未收回，也给银行造成重大损失，其行为满足违法发放贷款罪的构成要件。该案发回重审后，一审法院另行组成合议庭重新审理，最终改判何某及其他银行工作人员构成违法发放贷款罪，符合罪刑法定原则。

小结

金融安全是国家经济安全的核心，银行稳定是国家金融稳定的基础。为维持银行信贷业务稳定发展、降低银行不良贷款率，“借新还旧”方式成为银行工作人员应付银行考核的首选，而该方案往往经过包括银行行长在内的银行工作人员集体决策，并由银行工作人员伙同借款人共同实施完成。客观事实已经否定了银行受骗的认定标准，由此也不可能在借款人贷款逾期，给银行造成损失之后，以贷款诈骗罪共犯追究银行工作人员的刑事责任。除此之外，贷款诈骗罪中银行工作人员非法占有银行资金的主观目的，也缺乏事实及法律认定基础。笔者认为，司法实践中，以贷款诈骗罪共犯追究银行工作人员刑事责任的部分“借新还旧”案例，实际上违背了诈骗犯罪的基本构造，忽视了贷款诈骗罪中的“欺骗性”要件，不但在事实认定上出现了银行自己骗自己贷款的滑稽现象，在罪名认定上也存在罪责刑不相适应的情况，此类案件应当严格分析，谨慎认定。

以上仅是笔者从何某角度出发，对何某刑事责任认定提出的一些看法，有不当之处请多谅解。

▷ 相关法律法规 ◁

➢ **《刑法》**（2020年修正，2021年3月1日施行）

第一百九十三条 【贷款诈骗罪】有下列情形之一，以非法占有为目的，诈骗银行或者其他金融机构的贷款，数额较大的，处五年以下有期徒刑或者拘役，并处二万元以上二十万元以下罚金；数额巨大或者有其他严重情节的，处五年以上十年以下有期徒刑，并处五万元以上五十万元以下罚金；数额特别巨大或者有其他特别严重情节的，处十年以上有期徒刑或者无期徒刑，并处五万元以上五十万元以下罚金或者没收财产：（一）编造引进资金、项目等虚假理由的；（二）使用虚假的经济合同的；（三）使用虚假的证明文件的；（四）使用虚假的产权证明作担保或者超出抵押物价值重复担保的；（五）以其他方法诈骗贷款的。

➢ **《最高人民检察院、公安部关于公安机关管辖的刑事案件立案追诉标准的规定（二）》**（公通字〔2022〕12号，2022年4月6日发布，2022年5月15日起施行）

第四十五条 【贷款诈骗案（刑法第一百九十三条）】以非法占有为目的，诈骗银行或者其他金融机构的贷款，数额在五万元以上的，应予立案追诉。

第九讲

票据诈骗罪

案例 15

票据中介“民间贴现”行为的刑法规制

一、案情

被告人陈某志，因涉嫌非法经营罪，被河南省某县人民检察院提起公诉。检察院指控被告人陈某志 2011 年 1 月至 6 月和王某 1（另案处理）预谋后，在未经国家主管部门批准取得资质的情况下，违反《票据法》的相关规定，在杭州等地非法寻找并承诺快速贴现未到期银行承兑汇票，在没有真实贸易背景的情况下，利用杭州某金属材料有限公司等公司背书，向某县农村信用合作联社申请贴现，该社将贴现款转入陈某志实际控制的公司银行账户后，再支付给持票人贴现款，在此过程中获取利差。被告人陈某志和王某 1 非法贴现金额达 205 亿元，非法获利 7400 余万元。被告人陈某志未经国家有关主管部门批准，非法从事资金支付结算业务，严重扰乱金融市场秩序，情节特别严重，应当以非法经营罪追究其刑事责任。

被告人陈某志对起诉书指控的事实无异议，认罪认罚。辩护人认为：(1) 公诉机关指控的事实忽视了作为本案主导作用的某县农村信用联社在整个过程中的行为和作用；(2) 陈某志的行为性质属于持票人与贴现银行之间的“中介”行为；(3) 陈某志的行为不属于“资金支付结算”行为，需要申请中国人民银行予以认定；

河南省某县人民法院经审理，认可公诉机关指控的全部事实。人民法院认为，被告人陈某志伙同他人违反国家规定，未经国家有关主管部门批准，非法从事资金支付结算业务，严重扰乱金融市场秩序，情节特别严重，其行为构成非法经营罪，公诉机关指控被告人陈某志犯非法经营罪成立。辩护人认为陈某志不构成犯罪的意见与事实、法律不符，不予采纳。根据被告人的犯罪事实、性质、情节及对社会的危害程度，依照《刑法》第225条第1款第3项，第25条第1款，第67条第1款，第52条，第53条，第64条，第72条第1、3款之规定，判处被告人陈某志有期徒刑2年，缓刑3年，并处罚金80,000,000元，追缴违法所得74,411,628元。

一审宣判后，公诉机关未提出抗诉，被告人未提出上诉，一审判决生效。

二、争议焦点

1. 本案中陈某志的行为是否属于票据贴现行为？

2. 陈某志的行为是否属于非法从事银行资金支付结算业务？

3. 不具有法定资质的票据中介，在没有真实贸易背景的情况下，以“贴现”为业，是否触犯刑法？

三、分析

2019年11月8日，最高人民法院发布的《全国法院民商事审判工作会议纪要》[①] 否定了“民间贴现”行为的效力，并指明“以贴现为业”的行为可能涉嫌犯罪。此后，大量的票据中介为了规避可能的刑事风险，纷纷退出民间票据交易市场。可以说，《全国法院民商事审判工作会议纪要》的出台，在一定程度上打击了票据交易市场的活跃性。事实上，实务中对票据中介买卖商业汇票行为的定性在《全国法院民商事审判工作会议纪要》出台前就已经存在争议，《全国法院民商事审判工作会议纪要》出台后该争议并未平息，反而愈演愈烈。

本案指控事实虽然发生在2011年，但公诉机关提起公诉是在《全国法院

① 《全国法院民商事审判工作会议纪要》第101条规定：“【民间贴现行为的效力】票据贴现属于国家特许经营业务，合法持票人向不具有法定贴现资质的当事人进行‘贴现’的，该行为应当认定无效，贴现款和票据应当相互返还。当事人不能返还票据的，原合法持票人可以拒绝返还贴现款。人民法院在民商事案件审理过程中，发现不具有法定资质的当事人以‘贴现’为业的，因该行为涉嫌犯罪，应当将有关材料移送公安机关。民商事案件的审理必须以相关刑事案件的审理结果为依据的，应当中止诉讼，待刑事案件审结后，再恢复案件的审理。案件的基本事实无须以相关刑事案件的审理结果为依据的，人民法院应当继续审理。”

民商事审判工作会议纪要》出台后，可以说本案司法环节在极大程度上受到了《全国法院民商事审判工作会议纪要》的影响。本案中，公诉机关认定被告人陈某志从事的票据中介业务，即所谓的“民间贴现”，属于“非法从事资金支付结算业务”，进而构成非法经营罪。笔者认为，所谓“民间贴现”既不等同于银行贴现，也不等同于资金支付结算业务，不能据此认定其构成非法经营罪。

（一）商业汇票的本质属性是债权债务凭证，本案中对商业汇票的买卖行为并非法律意义上的“贴现”行为，而是背书人对债权的让与

本案中，陈某志作为票据中介，一方面自持票人处收取未贴现票据，一方面使用该票据向商业银行申请贴现，由于该行为事实上使得持票人在票据到期前获得票据款项，因此常被称为“民间贴现”。陈某志的行为虽类似银行“贴现”，均使得持票人在票据到期日前取得票据款项，但陈某志取得票据后，该票据仍具备市场间流动性，仍可在商业活动中发挥票据的一般作用，且不直接将票据风险转移至银行间市场。因此，“民间贴现”这一表述是不恰当的，所谓“民间贴现”并非法律意义上的“贴现”行为，而是背书人对商业汇票的背书转让。

1. 汇票的本质属性是债权债务凭证，其在使用场景中所表征的实际上是对资金的“远期交付”

《票据法》第19条规定：“汇票是出票人签发的，委托付款人在见票时或者在指定日期无条件支付确定的金额给收款人或者持票人的票据。汇票分为银行汇票和商业汇票。”《票据法》第4条第4款明确规定：“本法所称票据权利，是指持票人向票据债务人请求支付票据金额的权利，包括付款请求权和追索权。”据此可知，汇票是一种表明持票人所享有的对付款人求偿权的凭证（票据），持票人持有该凭证即可以要求付款人无条件支付确定金额。

国际贸易中资金流转困难、交易双方之间信任不足等原因，跨国贸易的买受方常常使用汇票进行资金交付。因此，从汇票在商业中的使用场景上说，汇票所表明的债权债务关系是一种对资金的“远期交付”。这种“远期交付”不仅能够弥补跨国贸易中卖方发货和买方收货之间的时间差，也因资金在银行间的直接流转而使得买受方的支付能力被提供了信用背书。

2. 对汇票的“背书转让”是背书人对债权的让与

厘定了汇票债权债务凭证的属性之后，《票据法》中关于汇票的相关规定都显得“水到渠成”，可以说是票据本身是债权债务凭证的应有之义。《票据法》第27条规定汇票权利可通过“背书”的方式转让。[①] 背书转让，即表明持票人将自己享有的票据权利，包括付款请求权和追索权，转让给被背书人。因此，为了明确票据责任的承担，保证持票人票据权利的完整行使，《票据法》还要求对汇票的背书应当连续。[②] 此外，《票据法》第37条亦明确规定，“背书人以背书转让汇票后，即承担保证其后手所持汇票承兑和付款的责任”。

这一系列规定均表明，持票人对票据权利的背书转让，实际上与债权债务关系中，债权人对债权的让与是一以贯之的。《民法典》第545条第1款“债权人可以将债权的全部或者部分转让给第三人，但是有下列情形之一的除外：（一）根据债权性质不得转让；（二）按照当事人约定不得转让；（三）依照法律规定不得转让”明确规定债权人得以转让债权的部分或者全部。此外，《民法典》在此进一步规定，债权转让应当通知债务人，[③] 以及债权转让后，债务人对债权让与人（原债权人）的抗辩得以向债权受让人（新债权人）主张[④]等。这与汇票背书转让中，背书连续性[⑤]的要求，以及背书人记载“不得转让”后对后手的被背书人不承担保证责任的禁止背书的效力[⑥]

① 《票据法》第27条规定：“持票人可以将汇票权利转让给他人或者将一定的汇票权利授予他人行使。出票人在汇票上记载‘不得转让’字样的，汇票不得转让。持票人行使第一款规定的权利时，应当背书并交付汇票。背书是指在票据背面或者粘单上记载有关事项并签章的票据行为。”

② 《票据法》第31条规定：“以背书转让的汇票，背书应当连续。持票人以背书的连续，证明其汇票权利；非经背书转让，而以其他合法方式取得汇票的，依法举证，证明其汇票权利。前款所称背书连续，是指在票据转让中，转让汇票的背书人与受让汇票的被背书人在汇票上的签章依次前后衔接。”

③ 《民法典》第546条规定：“债权人转让债权，未通知债务人的，该转让对债务人不发生效力。债权转让的通知不得撤销，但是经受让人同意的除外。”

④ 《民法典》第548条规定：“债务人接到债权转让通知后，债务人对让与人的抗辩，可以向受让人主张。”

⑤ 《票据法》第31条规定：“以背书转让的汇票，背书应当连续。持票人以背书的连续，证明其汇票权利；非经背书转让，而以其他合法方式取得汇票的，依法举证，证明其汇票权利。前款所称背书连续，是指在票据转让中，转让汇票的背书人与受让汇票的被背书人在汇票上的签章依次前后衔接。”

⑥ 《票据法》第34条规定：“背书人在汇票上记载‘不得转让’字样，其后手再背书转让的，原背书人对后手的被背书人不承担保证责任。”

是一脉相承的。

3. 汇票的票据属性赋予其不同于一般债权债务凭证的效力，能够更便利的流通，并因此而成为融资工具

因为票据所具备的不同于一般债权债务凭证的无因性、流通性、文义性、要式性等特征，票据权利能够更便利的转让和更有保障的实现，票据本身的真实性也更容易得到验证。因此，票据开始逐渐演变为一种具有融资属性的工具。“民间贴现”虽有“贴现”一词，但其行为表现及行为后果与银行贴现截然不同，实际上是“票据中介”作为资金通道，以票据为工具的一种融资行为。

以商业汇票为例，在所谓“民间贴现”的实际操作中，商业汇票的持票人将该汇票背书转让给“票据中介”，“票据中介”按照约定的对价将资金转入持票人账户。在这一过程中，“票据中介”与持票人之间虽没有真实的交易关系，但仍具备真实的债权债务关系。本案中，被告人陈某志长期从事的，即此种将商业汇票作为担保的工具提供融资服务的行为。该行为在票据上表现出来的就是在没有所谓“真实贸易基础”的前提下，对商业汇票的“背书转让”。

（二）票据贴现是使汇票脱离市场进入银行间市场的行为，并非资金支付结算业务

本案中，公诉机关指控逻辑的重要一环即在于，认可贴现属于资金结算业务。但纵览相关规定即可明确获知，“贴现”与“资金支付结算”的内涵与外延并不相同。

1. 票据贴现系银行发放贷款的方式之一，已经在刑事司法领域形成共识

长久以来，票据贴现的属性和性质一直未有定论。1996 年中国人民银行出台的《贷款通则》第 9 条第 6 项规定：“……票据贴现，系指贷款人以购买借款人未到期商业票据的方式发放的贷款。”将票据贴现等同于银行发放贷款。此后，中国人民银行分别于 1997 年、2009 年出台九七年《商业汇票承兑、贴现与再贴现管理暂行办法》（银发〔1997〕216 号）和《电子商业汇票业务管理办法》（中国人民银行令〔2009〕第 2 号）。其中，九七年《商

业汇票承兑、贴现与再贴现管理暂行办法》第2条第2款规定："本办法所称贴现系指商业汇票的持票人在汇票到期日前，为了取得资金贴付一定利息将票据权利转让给金融机构的票据行为，是金融机构向持票人融通资金的一种方式。"《电子商业汇票业务管理办法》第42条第1款规定："贴现是指持票人在票据到期日前，将票据权利背书转让给金融机构，由其扣除一定利息后，将约定金额支付给持票人的票据行为。"据此，中国人民银行对于"票据贴现"的界定，经历了发放贷款行为向票据融资行为的转变。

但是，在九七年《商业汇票承兑、贴现与再贴现管理暂行办法》出台后，2006年7月5日，《最高人民法院刑事审判第二庭关于对银行工作人员违规票据贴现行为如何适用法律问题的函》提出："根据我国法律规定，票据贴现属于贷款的一种类型。违规票据贴现行为是否构成违法发放贷款罪，应当根据案件事实和刑法规定综合评判加以认定……"该复函在刑事司法层面肯定了发放贷款与票据贴现之间的包含与被包含关系。

此后，大量违法"票据贴现"被认定为违法发放贷款罪，提交虚假材料申请"票据贴现"被认定为骗取贷款罪，如"山东省武城县人民法院2007年审理的中国银行股份有限公司武城支行等违法发放贷款案［（2007）武刑初字第16号］""浙江省苍南县人民法院审理苍南县人民检察院指控原审被告人胡某某骗取贷款案"等。尽管上述案件中的辩护律师均提出了"票据贴现与贷款属于不同种类的银行业务"这一辩护观点，但均未能被法院采纳。可以说"票据贴现系银行发放贷款的方式之一"在刑事司法审判领域已经成为某种共识。

2022年11月11日发布的《商业汇票承兑、贴现与再贴现管理办法》[①]是现行最新的有关商业汇票贴现的规定。该规章第5条[②]载明："本办法所称贴现是指持票人在商业汇票到期日前，贴付一定利息将票据转让至具有贷款

① 中国人民银行、中国银行保险监督管理委员会令〔2022〕第4号，2022年11月11日发布，2023年1月1日实施。

② 《商业汇票承兑、贴现与再贴现管理办法》第5条规定："本办法所称贴现是指持票人在商业汇票到期日前，贴付一定利息将票据转让至具有贷款业务资质机构的行为。持票人持有的票据应为依法合规取得，具有真实交易关系和债权债务关系，因税收、继承、赠与依法无偿取得票据的除外。"

业务资质机构的行为……”据此，该规定并未明确商业汇票贴现的性质，而仅描述了“贴现”所表征的行为，但是仍在某种程度上将票据贴现和贷款业务联系起来。

2. 商业汇票贴现作为银行信贷业务之一，不等同于银行贷款业务

《商业银行法》(2015 修正) 第 3 条第 1 款规定：“商业银行可以经营下列部分或者全部业务：(一) 吸收公众存款；(二) 发放短期、中期和长期贷款；(三) 办理国内外结算；(四) 办理票据承兑与贴现；(五) 发行金融债券；(六) 代理发行、代理兑付、承销政府债券；(七) 买卖政府债券、金融债券；(八) 从事同业拆借；(九) 买卖、代理买卖外汇；(十) 从事银行卡业务；(十一) 提供信用证服务及担保；(十二) 代理收付款项及代理保险业务；(十三) 提供保管箱服务；(十四) 经国务院银行业监督管理机构批准的其他业务。”这表明，从《商业银行法》列举的逻辑来看，商业银行“办理票据贴现”业务和“发放贷款”业务，是两个并列的银行业务，并无包含与被包含的关系。

根据九七年《商业汇票承兑、贴现与再贴现管理暂行办法》第 22 条及第 24 条的规定，商业银行票据贴现，属于商业银行的票据资产，应当纳入信贷总量。关于信贷的具体内涵，并无规范性法律文件予以确定，但根据现行有效的《中国人民银行信贷资金管理试行办法》第 8 条第 1 项规定：“人民银行对专业银行的信贷资金计划根据不同情况分别管理。(一) 对年度借款计划和基本建设贷款计划，按照计划严格控制，未经批准，不得突破。由于经济情况变化，需要超过年度借款计划时，专业银行总行必须向人民银行总行申请追加，经批准后方可使用资金。”可知，信贷包括借款和贷款。根据九四年《中国人民银行信贷资金管理暂行办法》① 第 3 条②规定可知，信贷资金包括资本、负债及资产三部分，其中资产包括贷款、投资、其他金融资产

① 该办法 1994 年 2 月 1 日实施，2008 年 1 月 22 日被《中国人民银行公告〔2008〕第 5 号——废止上海外资保险机构暂行管理办法等 15 项规章》废止。

② 《中国人民银行信贷资金管理暂行办法》第 3 条规定：“本办法中的信贷资金系指上述机构人民币下列项目的全部或部分：1. 资本，包括核心资本及附属资本。2. 负债，包括各类存款、借入款项及其他负债。3. 资产，包括贷款、投资、其他金融资产及表外资产。”

及表外资产。上述九四年《中国人民银行信贷资金管理暂行办法》虽已失效，但仍在一定程度上说明，信贷不等于贷款，而是贷款的上位概念。结合九七年《商业汇票承兑、贴现与再贴现管理暂行办法》中，银行办理票据贴现业务将使得银行票据资产增加的规定可知，① 票据贴现作为银行的信贷业务之一，是一种与贷款业务相并列的信用活动。

3. 商业汇票贴现业务非资金结算业务

《支付结算办法》(银发〔1997〕393 号) 第 3 条规定："本办法所称支付结算是指单位、个人在社会经济活动中使用票据、信用卡和汇兑、托收承付、委托收款等结算方式进行货币给付及其资金清算的行为。"可知，支付结算是指进行货币给付及其资金清算的行为。而《商业银行法》(2015 修正) 第 44 条规定，商业银行办理的票据承兑、汇兑、委托收款等，系结算业务。而该法第 3 条规定，票据承兑和票据贴现是商业银行可以经营的并列且不同的两个票据相关业务。②

据此，票据承兑与票据贴现是并列的不同业务，而商业银行结算业务中仅列明票据承兑，并未将票据贴现明确列入其中。从体系解释的角度来看，票据贴现并不能被解释为商业银行的结算业务。此外，从文义解释的角度理解"支付结算"即消灭债权债务的行为，而票据贴现虽然有银行参与，但贴现之后并没有消灭债权债务，反而创设了新的债权债务关系。因此，不论是采取何种解释方法，均不能将商业银行的票据贴现业务解释为支付结算业务。

综上，法律意义上的"贴现"是指持票人在汇票到期日前，贴付一定利息将票据转让至银行等有资质的机构的行为。该机构通过贴现取得票据后，仅能在有资质的机构间进行转贴现，或向人民银行申请再贴现，而不能使该票据重新在商业市场间流转。这表明，"贴现"环节将直接使得票据丧失商业市场上的流动性，同时将票据风险局限在银行间市场。

---

① 九七年《商业汇票承兑、贴现与再贴现管理暂行办法》第 24 条规定："各商业银行、政策性银行应当运用贴现、转贴现方式增加票据资产，调整信贷结构。"

② 《商业银行法》(2015 修正) 第 3 条规定："商业银行可以经营下列部分或者全部业务：……(四) 办理票据承兑与贴现……" 第 44 条规定："商业银行办理票据承兑、汇兑、委托收款等结算业务，应当按照规定的期限兑现，收付入账，不得压单、压票或者违反规定退票。有关兑现、收付入账期限的规定应当公布。"

（三）票据中介进行“民间贴现”不构成犯罪，不应对本案被告人陈某志苛以刑责

1. “民间贴现”并非非法从事支付结算业务，不构成非法经营罪

无论是《全国法院民商事审判工作会议纪要》出台前还是出台后，司法实务中对于票据中介买卖商业汇票的定性一直存在争议。有的司法机关认为，民间贴现行为属于非法从事资金支付结算业务，且扰乱市场秩序，情节严重，构成非法经营罪，如河南省安阳市中级人民法院（2018）豫05刑终152号判决、河北省石家庄市新华区人民法院（2017）冀0105刑初185号判决；有的司法机关则持完全相反的观点，如陕西省高级人民法院（2019）晋刑终51号判决、天津市第一中级人民法院（2015）一中刑初字第0030号判决。

本案即属前者，本案被告人陈某志利用自己注册的多家公司购买银行承兑汇票，并隐瞒其取得汇票并无真实交易基础的事实，向银行申请票据贴现。河南省濮阳县人民法院认定被告人陈某志“非法从事资金支付结算业务”，并据此认定被告人陈某志构成非法经营罪。因此，本案控辩焦点之一，即行为人买卖银行承兑汇票的行为是否构成“非法从事资金支付结算业务”。

《票据法》第10条①规定，票据的转让应当具有真实的交易关系和债权债务关系，且票据的取得必须给付对价。但该条并未明确规定，票据转让时的真实交易关系和债权债务关系不包括因票据转让而创设的债权债务关系。此外，即便因没有真实交易关系或债权债务关系，而将票据中介买卖票据的行为认定为无效法律行为，对该行为的规制也可通过限制其及其后手票据权利的方式实现，并不必要诉诸刑法。

况且，银行“票据贴现”后，若想利用该票据融资，则该票据只能在银行间市场内流通，进行转贴现或再贴现。因此，银行对票据进行贴现后，该票据即丧失了商业市场间的流动性，且该票据权利不能实现的风险从商业市场转移至银行间市场。而票据中介对商业汇票的买卖行为仅仅是一种背书转

① 《票据法》第10条规定：“票据的签发、取得和转让，应当遵循诚实信用的原则，具有真实的交易关系和债权债务关系。票据的取得，必须给付对价，即应当给付票据双方当事人认可的相对应的代价。”

让行为，票据中介通过背书转让的方式取得该票据后，该票据仍在市场流通领域，并未丧失流动性，且该票据风险也并未转嫁给银行。因此，票据中介对商业汇票的背书转让，虽然因为有一定的融资性质而被称为“民间贴现”，但其风险负担及流动性完全不同于银行的票据贴现业务。

即便认定票据中介买卖商业汇票的行为等同于银行对票据的贴现业务，如前所述，从事该行为也并非从事资金支付结算业务。支付结算业务是要式行为，应当满足法定的形式要件，且票据贴现业务并未清结债权债务，因此票据贴现并非资金支付结算。

此外，2013 年 10 月 9 日《关于买卖银行承兑汇票行为如何适用法律问题的答复意见》（中华人民共和国最高人民检察院高检研函字〔2013〕58 号）中已明确：经研究认为，根据票据行为的无因性以及票据法关于汇票可背书转让的规定，汇票买卖行为不同于支付结算行为，将二者等同可能会造成司法实践的混乱。实践中，买卖银行承兑汇票的情况比较复杂，对于单纯买卖银行承兑汇票的行为不宜以非法经营罪追究刑事责任。

综上，笔者认为，本案被告人陈某志作为票据中介买卖商业汇票，仅仅是对商业汇票的背书转让，该转让不同于银行票据贴现业务，更不同于银行的资金支付结算业务，不能据此认定其构成非法经营罪。

2. 票据中介取得商业汇票后，使用该票据申请贴现的，并非骗取贷款，不构成骗取贷款罪

事实上，票据中介在通过背书转让取得商业汇票后，往往会向银行申请贴现，本案亦有此情节。由于《贷款通则》将票据贴现等同于银行贷款，实务中常常认定票据中介使用没有真实贸易背景的票据进行贴现的，构成骗取贷款罪。笔者认为这一认定十分不合理。

必须承认，票据贴现业务与贷款业务均属于银行的信贷业务，审查不当均可能造成银行自有资金损失或产生损失的风险。但如前所述，票据贴现不等同于发放贷款，且票据中介买卖的商业汇票均为真实的商业汇票，出票人、付款人和收款人均为真实的票据关系。尽管票据中介因为取得该票据时没有真实的交易关系和债权债务关系，而不能取得票据权利，但根据《票据法》第 14 条、《全国法院民商事审判工作会议纪要》第 101 条规定，以及民法善

意取得的原理，银行取得该票据即为该票据的合法持票人，其票据权利不因票据中介的违法行为而丧失。简言之，银行贴现取得的商业汇票，不因票据中介的买卖行为而无效。该贴现业务的风险，仅与付款人及承兑人的信用和支付能力相关，不因票据中介的买卖行为而产生或扩大。

此外，结合《刑法》对票据诈骗罪的规定理解“骗”的刑法内涵可知，“虚假票据”指向的是本身没有资金保证的票据。而票据中介取得票据虽然可能因没有真实交易关系或债权债务关系而无效，但无效的范围仅限于该“背书”，而不及于票据本身的真实性、合法性，也不影响票据前手及“善意”后手的票据权利，因此该票据并非法定意义上的“虚假票据”。据此，票据中介使用没有真实交易关系或债权债务关系的商业汇票申请银行贴现的，不构成骗取贷款罪。

综上所述，笔者认为，本案被告人陈某志作为票据中介，买卖没有真实交易关系或债权债务关系的商业汇票，是对商业汇票的背书转让，系民间融资，一定程度上有助于票据的市场流动。该行为并非资金支付结算业务，不因此而构成非法经营罪，也并非骗取银行贷款，不因此而构成骗取贷款罪。

▷ 相关法律法规 ◁

➤ **《刑法》**（2020 年修正，2021 年 3 月 1 日施行）

第一百七十五条之一 【骗取贷款、票据承兑、金融票证罪】以欺骗手段取得银行或者其他金融机构贷款、票据承兑、信用证、保函等，给银行或者其他金融机构造成重大损失的，处三年以下有期徒刑或者拘役，并处或者单处罚金；给银行或者其他金融机构造成特别重大损失或者有其他特别严重情节的，处三年以上七年以下有期徒刑，并处罚金。

单位犯前款罪的，对单位判处罚金，并对其直接负责的主管人员和其他直接责任人员，依照前款的规定处罚。

第一百九十四条第一款 【票据诈骗罪】有下列情形之一，进行金融票据诈骗活动，数额较大的，处五年以下有期徒刑或者拘役，并处二万元以上二十万元以下罚金；数额巨大或者有其他严重情节的，处五年以上十年以下有期徒刑，并处五万元以上五十万元以下罚金；数额特别巨大或者有其他特别严重情节的，处十年以上有期徒刑或者无期徒刑，并处五万元以上五十万元以下罚金或者没收财产：（一）明知是伪造、变造的汇票、本票、支票而使用的；（二）明知是作废的汇票、本票、支票而使用的；（三）冒用他人的汇票、本票、支票的；（四）签发空头支票或者与其预留印鉴不符的支票，骗取财物的；（五）汇票、本票的出票人签发无资金保证的汇票、本票或者在出票时作虚假记载，骗取财物的。

第二百二十五条 【非法经营罪】违反国家规定，有下列非法经营行为之一，扰乱市场秩序，情节严重的，处五年以下有期徒刑或者拘役，并处或者单处违法所得一倍以上五倍以下罚金；情节特别严重的，处五年以上有期徒刑，并处违法所得一倍以上五倍以下罚金或者没收财产：（一）未经许可经营法律、行政法规规定的专营、专卖物品或者其他限制买卖的物品的；（二）买卖进出口许可证、进出口原产地证明以及其他法律、行政法规规定的经营许可证或者批准文件的；（三）未经国家有关主管部门批准非法经营证券、期货、保险业务的，或者非法从事资金支付结算业务的；（四）其他严重扰乱市场秩序的非法经营行为。

➢ **《票据法》**（2004 年 8 月 28 日施行）

第十条 票据的签发、取得和转让，应当遵循诚实信用的原则，具有真实的交易关系和债权债务关系。

票据的取得，必须给付对价，即应当给付票据双方当事人认可的相对应的代价。

第二十七条 持票人可以将汇票权利转让给他人或者将一定的汇票权利授予他人行使。

出票人在汇票上记载“不得转让”字样的，汇票不得转让。

持票人行使第一款规定的权利时，应当背书并交付汇票。

背书是指在票据背面或者粘单上记载有关事项并签章的票据行为。

➢ **《商业汇票承兑、贴现与再贴现管理办法》**（中国人民银行、中国银行保险监督管理委员会令〔2022〕第 4 号，2023 年 1 月 1 日施行）

第五条 本办法所称贴现是指持票人在商业汇票到期日前，贴付一定利息将票据转让至具有贷款业务资质机构的行为。持票人持有的票据应为依法合规取得，具有真实交易关系和债权债务关系，因税收、继承、赠与依法无偿取得票据的除外。

➤ **《全国法院民商事审判工作会议纪要》**（法〔2019〕254号，2019年11月8日施行）

101.【民间贴现行为的效力】票据贴现属于国家特许经营业务，合法持票人向不具有法定贴现资质的当事人进行“贴现”的，该行为应当认定无效，贴现款和票据应当相互返还。当事人不能返还票据的，原合法持票人可以拒绝返还贴现款。人民法院在民商事案件审理过程中，发现不具有法定资质的当事人以“贴现”为业的，因该行为涉嫌犯罪，应当将有关材料移送公安机关。民商事案件的审理必须以相关刑事案件的审理结果为依据的，应当中止诉讼，待刑事案件审结后，再恢复案件的审理。案件的基本事实无须以相关刑事案件的审理结果为依据的，人民法院应当继续审理。

➤ **《最高人民法院刑事审判第二庭关于对银行工作人员违规票据贴现行为如何适用法律问题的函》**（〔2006〕刑二函字第42号，2006年7月5日施行）

根据我国法律规定，票据贴现属于贷款的一种类型。违规票据贴现行为是否构成违法发放贷款罪，应当根据案件事实和刑法规定综合评判加以认定……

➤ **《最高人民检察院法律政策研究室关于买卖银行承兑汇票行为如何适用法律问题的答复意见》**（高检研函字〔2013〕58号）

经研究认为，根据票据行为的无因性以及票据法关于汇票可背书转让的规定，汇票买卖行为不同于支付结算行为，将二者等同可能会造成司法实践的混乱。实践中，买卖银行承兑汇票的情况比较复杂，对于单纯买卖银行承兑汇票的行为不宜以非法经营罪追究刑事责任。

案例16

使用"虚假票据"进行贴现融资行为不应一概认定为票据诈骗罪

——兼论对上述行为的刑法规制

一、案情

湖南省湘潭市某区人民检察院以被告人张某犯票据诈骗罪，向湖南省湘潭市某区人民法院提起公诉，指控被告人张某为归还所欠湘潭市某农村信用合作联社欠款，于2006年11月3日向聂某借取其从湖南某钢铁有限公司领出的已背书给中国农业银行湘潭市岳塘支行的票号为DB10XXXX67145，出票人为江苏某钢机股份有限公司，收款人为湖南某钢铁有限公司，出票日期为2006年10月8日，到期日为2007年1月8日，金额为8,100,000元的银行承兑汇票1张。并将该张银行承兑汇票以湖南某科工贸公司的名义，采用虚假的商业汇票贴现合同及相关手续向湘潭市某农村信用合作联社申请回购、贴现。该社主任张某、主办会计万某、信贷员王某等人违反票据贴现的操作流程规定及有关制度，在明知被告人张某不具备持票人资格和申请单位与此申请贴现的银行承兑汇票无任何关系的情况下，为被告人张某贴现给付8,040,000元。

被告人张某未提出辩解，其辩护人提出张某有坦白情节，且悔罪态度良好，积极接受改造，亦无人身危险性，可予其较大幅度的从宽处罚。

湖南省湘潭市某区人民法院经审理，认可了公诉机关指控的全部事实。湖南省湘潭市某区人民法院认为，被告人张某以非法占有为目的，冒用他人银行承兑汇票骗取湘潭市某农村信用合作联社资金，数额特别巨大，其行为构成票据诈骗罪，公诉机关指控的罪名成立。综上，根据被告人犯罪的事实、性质、情节和对社会的危害程度，湖南省湘潭市某区人民法院依照《刑法》第194条第1款第3项、第45条、第47条、第52条、第53条、第67条第3款之规定，判处被告人张某犯票据诈骗罪，判处有期徒刑12年，并处罚金50万元。

一审宣判后，公诉机关未提出抗诉，被告人未提出上诉，一审判决生效。

二、争议焦点

1. 在案涉湘潭市某农村信用合作联社的社主任、主办会计、信贷员等人均明知被告人张某虚构事实申请贴现的情况下，本案是否构成票据诈骗罪?

2. 票据诈骗罪在“被害人产生错误认识”层面是否与普通诈骗罪要求相同?

3. 贴现申请人“使用虚假票据”申请贴现，是否是《刑法》意义上的欺骗行为?

4. 使用“虚假票据”贴现融资在刑法层面应当如何界定?

三、分析

近来，随着银行贷款政策的收紧和调整，部分商业主体开始以其他手段从银行获取间接融资，“票据贴现”就是其中之一。随着该业务的普及和发展，实践中出现了大量使用“虚假票据”进行贴现融资的行为，对上述行为的刑法规制成为实务中广受讨论的焦点。由于“虚假票据”的存在，大量案例不考虑其他案件细节和票据融通的金融逻辑，而将上述行为直接认定为票据诈骗罪，本案即属此种情形。笔者将从使用“虚假票据”进行“贴现融资”行为的商业逻辑、金融逻辑出发，结合对票据诈骗罪构成要件的分析，提出该行为的票据诈骗罪出罪逻辑，并在此基础上讨论对上述行为的刑法规制。

（一）本案银行工作人员未产生“错误认识”，被告人张某不构成票据诈骗罪

就票据诈骗罪而言，我国《刑法》第194条第1款穷尽式列举了5种犯

罪手段：（1）明知是伪造、变造的汇票、本票、支票而使用的；（2）明知是作废的汇票、本票、支票而使用的；（3）冒用他人的汇票、本票、支票的；（4）签发空头支票或者与其预留印鉴不符的支票，骗取财物的；（5）汇票、本票的出票人签发无资金保证的汇票、本票或者在出票时作虚假记载，骗取财物的。上述 5 种犯罪手段中，“票据”本身是犯罪工具，而“伪造、变造、冒用”等则是利用犯罪工具实施犯罪行为的方式。

本案公诉机关指控被告人张某冒用从他人处借得的银行承兑汇票，通过银行工作人员违规操作进行贴现并取得贴现款项，属于《刑法》第 194 条第 1 款第 3 项规定的“冒用他人的汇票”，因此构成票据诈骗罪。从犯罪手段的角度来看，本案被告人张某确实符合《刑法》第 194 条第 1 款第 3 项关于“冒用他人汇票”的规定。因此，从诈骗行为（或称欺骗行为）的角度来看，本案确实符合票据诈骗罪规定的“欺骗”要件。

总览《刑法》第 194 条第 1 款之规定可知，票据诈骗罪的欺骗行为集中表现在“使用虚假票据骗取财物”。所谓“虚假票据”不仅包括外观虚假（如伪造、变造的票据），也包括内容虚假（如作废票据、他人票据、空头支票），还包括实质虚假（如无资金保证的票据）。之所以将使用外观虚假、内容虚假和实质虚假的票据，均认定为票据诈骗行为，是由票据本身的特性决定的。票据作为一种具有“无因性”的支付方式，是信用的凝结，因此不论是何种虚假票据，均背离了票据本身的信用属性，没有了信用背书的票据，自然在实质上丧失了作为票据的“资格”。

从票据信用属性丧失的角度来说，行为人只要使用了“虚假票据”，就已经满足了行为人实施“欺骗行为”这一要件。但从诈骗罪构成要件的角度来说，仅仅存在行为人“欺骗行为”是不够的，还要被骗人（被害人）因此产生“错误认识”。任何一个刑法上的诈骗行为，都必须包含被骗人因此产生错误认识，而实践中常常出现争议的，也恰在此处。

以银行的商业汇票贴现、转贴现业务为例，由于贴现或转贴现业务中，银行可以取得高昂的“过桥费”，所以汇票的贴现、转贴现业务是商业银行的重要盈利业务之一，也是商业主体进行融资的一个重要渠道。一个十分有意思的现实情况是，理论上来说，在贴现、转贴现业务中，银行各部门及其工作人员应当依据严格的程序和要求审核行为人提交的各项申请材料，包括那张“汇票”。然而，由于贴现、转贴现业务的高额利润，实际业务中的银行工作人员都非常希望业务“做成”，有的银行工作人员甚至在商业主体出票前就已经就贴现、转贴现业务及流程与其达成一致。因此，在实际办理贴现、转贴现业务时，银行工作人员会“指导”行为人，也就是某商业主体，进行相关申请。简言之，银行工作人员在明知行为人不具备贴现资格或提交虚假贴现材料的情况下，指导行为人“规避”规则，利用“票据”贴现获取融资款项。本案亦存在上述类似情形，判决虽未释明本案存在银行工作人员“指导”被告人的情形，但判决书明确载明案涉湘潭市某农村信用合作联社“主任张某、主办会计万某、信贷员王某等人……在明知被告人张某不具备持票人资格和申请单位与此申请贴现的银行承兑汇票无任何关系”，即银行工作人员明知贴现申请人冒用他人汇票申请贴现。

此时产生的问题是，上述行为在《刑法》中应当如何评价？如果仅从行为人“欺骗行为”的角度来看，上述行为中，必然有虚构和造假的成分，似乎可以成立诈骗犯罪。但从被骗人“错误认识”的角度来说，银行工作人员又并未因该虚构和造假而产生“错误认识”，其对所谓的“虚构事实”是明知的。理论上来说，诈骗犯罪作为典型的“自我损害型”犯罪，不存在没有被骗人的诈骗犯罪。但实践中往往将这种银行工作人员明知的、有着虚构和造假成分的“票据”贴现行为，认定为票据诈骗罪。

（二）票据诈骗在构成要件层面应当符合普通诈骗罪“被害人因行为人欺骗行为产生错误认识”的要求

一般来讲，不论是何种特殊诈骗罪，在构成要件上至少应当满足诈骗罪的构成要件，也即“被害人因行为人行为产生错误认识”。据此，肯定存在“被害人错误认识”是肯定行为人行为构成诈骗犯罪的前提之一。票据诈骗罪作为我国《刑法》第三章第五节中的八大金融诈骗罪之一，不仅要符合诈骗行为的一般特征，具备金融诈骗行为的特殊性，同时也应当具有票据诈骗罪区别于其他金融诈骗犯罪的独特性。

我国《刑法》在立法上并未描述诈骗罪的构成要件，而是采用简单罪状的方式进行规定。理论界则借鉴德国刑法诈骗罪的理论，将诈骗罪的构成描述为“以非法占有为目的，虚构事实、隐瞒真相，骗取他人财物的行为”，并参考德国刑法，将诈骗罪分为以下构成要件：行为人实施欺骗行为—被害人陷入错误认识—被害人因错误认识处分财物—被害人存在财产损失—处分行为和财产损失之间有因果关系。

由于司法实践的不断发展，晚近以来，我国刑法理论对诈骗罪的研究已经发展到新的阶段，随着“罗尔募捐事件”“美女酒托案”“偷换二维码案”等引起社会广泛关注的案件接连发生，“被害人目的落空理论”“财产损失理论”“财产处分理论”等关于构成要件要素的理论也在刑法学界得到重视和讨论。

与对诈骗罪构成要件要素等理论的讨论相比，不论是理论界还是实务界，对金融诈骗罪的理解都略显滞后，不仅未能在构成要件上构建出系统性理论框架，也未能将全部金融诈骗罪名列入考察视野。然而，金融诈骗犯罪案件不仅涉案数额巨大，还会破坏金融秩序、动摇金融体系、影响市场环境。因此，探究金融诈骗罪的构成，对个案的准确定罪量刑显得尤为必要。

目前，理论界普遍认为金融诈骗犯罪应当符合诈骗罪的构成要件。具体而言，应当以行为人实施欺骗行为，被害人因此产生错误认识为构成犯罪的前提条件。尽管金融诈骗罪有其特殊性，或为行为指向的对象特殊（如贷款诈骗罪、保险诈骗罪），或为行为使用的手段特殊（如集资诈骗罪），或为行为利用的工具特殊（如票据诈骗罪），但就诈骗行为本身而言，金融诈骗犯罪应当与诈骗罪有着共同的面向，即财产犯罪的面向。

作为财产犯罪的金融诈骗罪与普通诈骗罪一样，在财产损失环节加入了被害人对财产的“处分行为”。嵌入被害人行为这一动词，必然在相当程度上使得被害人被置于构成要件中加以审查，即“行为人实现构成要件结果必须通过对被害人施加影响使其同意财产情况的变动”①。简言之，被害人对犯罪过程的参与在诈骗类犯罪中是必然的，因此只有在肯定了被害人因行为人欺骗行为产生错误认识，并基于该错误认识处分财物的情况下，才能一般性地将被害人对财产处分行为造成的损失结果归咎于行为人。

① 王莹：《诈骗罪重构：交易信息操纵理论之提倡》，载《中国法学》2019 年第 3 期。

（三）金融逻辑下，贴现申请人“使用虚假票据”不必然构成《刑法》意义上的“欺骗行为”

1. 形式上包含了虚构和造假成分的票据贴现行为，不必然引起银行工作人员“错误认识”，难以一概认定为《刑法》意义上的“欺骗行为”

如前所述，票据诈骗罪至少应当满足诈骗罪的行为要件，即存在虚构事实、隐瞒真相的欺骗行为。因此，上述存在虚构和造假成分的票据贴现行为能够被评价为《刑法》意义上的欺骗行为，是认定其构成票据诈骗罪的基础。

这里需要考虑票据出票及融通的金融逻辑。以商业承兑汇票为例，企业A与企业B签订采购合同，购买企业B的货物，并约定以票据手段支付价款1亿元。合同落成后，企业A向企业B出具商业承兑汇票，企业B依合同向企业A供货。企业B拿到1亿元的商业承兑汇票后，由于用款需要，在票据到期日前将该票据转让给银行A，银行A按照贴现率扣除贴现利息后将余额票款支付给企业B。此时，就完成了票据的“贴现”行为。若为企业B贴现的银行A在票据到期日前，将该票据转让给银行B，则银行B再次扣除利息后将余额票款支付给银行A，此即票据的“转贴现”。

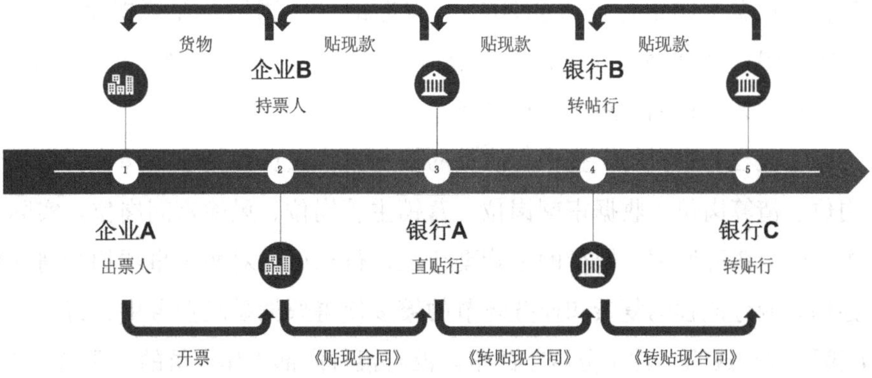

票据融通的正常流程

上述流程中，企业B可以通过票据贴现从银行获得一笔款项，因此利用票据贴现进行融资成为企业除贷款之外从银行获取融资款项的一个重要渠道。不仅如此，作为贴现行或转贴现行的“过桥行”也能在票据融通的过程中赚取高额的“过桥费”。因此，在实际业务中，不论是企业还是银行工作人员，都有极大的动力促使该笔“贴现”业务做成。此时，企业可能为了获取“贴现融资”而使用“虚假票据”，银行工作人员为了该笔盈利业务，在审核时睁一只眼、闭一只眼，甚至直接“指导”企业提交虚假材料。

这类被指导而提交的材料在形式上满足了“虚假材料”的要求，据此材料申请贴现，确实在形式上构成“包含虚构和造假成分的票据贴现行为”。但是这类被指导而提交贴现材料的行为，对于指导行为人提交虚假材料的这一特定的银行工作人员而言，属于不可能引起错误认识的行为。因此，上述包含虚构和造假成分的票据贴现行为不能被评价为《刑法》意义上的“欺骗行为”。

2. 银行内部对上述“包含虚构和造假成分的票据贴现行为”的知情范围将直接影响对该行为的定性

这一问题不仅涉及《刑法》上的责任划分，也涉及银行业内及机构内部的管理制度。根据中国人民银行印发的九七年《商业汇票承兑、贴现与再贴现管理暂行办法》及银行公开资料可知，票据贴现的一般流程是：申请人提交贴现申请、银行作出事务报价并经持票人承受、持票人提交各项材料、银行内部审查及审批（包括查询票据、审查交易关系真实性、票面审查）、资金划转。根据中国银行业协会2021年发布的《中国银行业票据业务规范》的规定，银行办理贴现业务，至少应当进行以下资料的审核：申请人资格、票面核验、票据查询、跟单资料审查。

以上流程和资料的审查中，涉及的银行工作人员包括以下岗位：市场营销岗位、清算岗位、收据审阅岗位、营销主管岗位、风险审阅岗位。实际业务中，因为各种原因，银行的主管副行长、行长可能对相关事项均知情并授权办理。业务流程的复杂和业务环节的繁多使得票据贴现业务中，行为人想“欺骗”银行成为一件十分困难的事。没有银行内部工作人员的“配合”“指导”，想规避规则拿到贴现款项，几乎不可能。这也是行为人因实施“贴现融资”行为而构成票据诈骗罪时，往往有银行工作人员参与的根本原因。正如本案，上至案涉湘潭市某农村信用合作联社主任，下至基层信贷员，均明知被告人张某冒用他人票据。换言之，该案涉湘潭市某农村信用合作联社贴现业务全流程的相关责任人员均明知本案被告人实施的所谓“欺骗行为”。

理论界通说认为，只有“人”能被骗。因此银行作为一个机构主体，其被骗的基础，也是机构中负责具体事项的“人”因行为人欺骗行为而产生了错误认识。在银行相关工作人员“明知”贴现票据系“虚假票据”的情况下，认定其“被骗”既不符合刑法的法律判断，也不符合社会的一般认知。因此，在银行工作人员“明知”并“配合”、“指导”贴现的情形下，不应一概认定使用“虚假票据”进行“贴现融资”的行为人构成诈骗犯罪，特别是票据诈骗罪，而应区分案件情形具体讨论。

（四）使用“虚假票据”申请贴现的刑法规制

虽然金融诈骗罪，包括票据诈骗罪，财产犯罪的面向已经在理论界达成共识，但实务中往往忽视银行工作人员在认识和意识层面对行为人欺骗行为的主观“明知”。例如张某满票据诈骗案［（2016）湘0304刑初97号］，湖南省湘潭市岳塘区人民法院判决认定，被告人冒用他人票据，“采用虚假的商业汇票贴现合同及相关手续向湘潭市某农村信用合作联社申请回购、贴现。该社主任郭某、主办会计方某、信贷员黄某、信贷员王某等人违反票据贴现的操作流程规定及有关制度，在明知被告人张某满不具备持票人资格和申请单位与此申请贴现的银行承兑汇票无任何关系的情况下，为被告人张某满贴现给付8,030,696.4元（其中贴现扣息69,303.6）”。以上判决在查明事实里明确说明，本案案涉湘潭市某农村信用合作联社相关银行工作人员均对被告人张某满虚构事实的行为系“明知”，仍违反相关流程及制度进行“贴现”。人民法院据此事实认定被告人构成票据诈骗罪，并判处12年有期徒刑的重刑。

又如（2018）内06刑初7号票据诈骗案，该案判决书显示，公诉机关鄂尔多斯市人民检察院指控：“被告人季某某、孙某某以非法占有为目的，使用盖有伪造印章的商业承兑汇票，并以无实际经营项目的杭州某公司为出票方签发无资金保证的商业承兑汇票，骗取财物数额特别巨大，被告单位民生银行某分行、被告人姚某明知季某某、孙某某签发无资金保证的商业承兑汇票而帮助季某某、孙某某违规办理商业承兑汇票业务，被告人季某某、孙某某、被告单位民生银行某分行、被告人姚某的行为……应以票据诈骗罪追究其刑事责任。”鄂尔多斯市中级人民法院在一审判决中支持了公诉机关的上述指控，认定上述商业主体、银行工作人员，甚至是银行这一金融机构本身均构成票据诈骗罪。

上述判决书中的内容基本事实一致，均为银行内部工作人员与外部商业主体“串通”，利用“虚假汇票”贴现业务“骗取”银行财产，导致银行资产遭受损失。值得注意的是，在上述行为模式中，并非所有的银行工作人员均对“虚假汇票”毫不知情，而是部分知情、部分不知情。

在本案类案中，该虚假的“贴现融资”行为确实给银行造成了财产损失。那么“谁应当为该损失负责”“该行为在刑法上应当如何评价”，就是刑法不可回避的问题。笔者认为，应当区分案件事实，分类加以讨论。

正如前述，在银行工作人员“明知”行为人使用“虚假票据”的情况下，由于不存在因行为人“欺骗行为”而产生错误认识的“被骗人”，所以不能在肯定银行工作人员构成违法放贷罪的同时，认定行为人构成票据诈骗罪。

值得注意的是，2006 年 7 月 5 日《最高人民法院刑事审判第二庭关于对银行工作人员违规票据贴现行为如何适用法律问题的函》提出：“根据我国法律规定，票据贴现属于贷款的一种类型。违规票据贴现行为是否构成违法发放贷款罪，应当根据案件事实和刑法规定综合评判加以认定……”但本文重点并非解决银行“贴现”能否被评价为银行贷款业务，进而讨论银行工作人员在贴现业务中违反规定“贴现”能否以违法发放贷款罪规制，而是讨论在银行工作人员明知“违法”的情况下，行为人的行为应当如何评价的问题。笔者认为，应当区分如下情形认定。

1. 商业主体与银行客户经理串通，使用“虚假票据”进行“贴现融资”

由于银行客户经理一般仅为经办人，在实际业务中仅承担业务发起和材料组织的职责，不具有审批、审核、决定等权限。此时，负有审批、审核和决定权限的银行工作人员对该“虚假”不明知，且因行为人（包括商业主体和银行客户经理）“里应外合”的行为产生了“错误认识”，并处分财物、造成银行财产损失。据此，认定行为人构成票据诈骗罪并无不当。此外，就银行客户经理的岗位职责而言，其职务便利的范围不包括“取得贴现款项”，不能因其职务而认定其“利用职务便利”。此时，商业主体和银行客户经理均为实施“欺骗行为”的行为人，均构成票据诈骗罪。

2. 商业主体与银行内部具有审核、审批权限的工作人员串通，使用“虚假票据”进行“贴现融资”

对比可知，具有审核、审批权限的银行工作人员，相较于银行客户经理来说，其职务便利的范围明显扩大，其在票据贴现的流程中有一定限度的权限。该权限在一定程度上为“虚假贴现”行为创造了便利。因此，从负有审核、审批权限的银行内部工作人员的角度来说，其“利用职务便利，将本单位财物非法占为己有”，可能构成职务侵占罪。此时，外部商业主体为其实施职务侵占行为提供了帮助。相反，若从商业主体的角度认定，则银行内部工作人员虽有审核、审批权限，但并无最终决定权，能够决定该“贴现”业务的主管人员仍不明知该“虚假贴现”行为，仍产生了错误认识。此时，商业主体构成票据诈骗罪，而银行内部具有审核、审批权限的工作人员为其实施票据诈骗行为提供了帮助。

虽然票据诈骗罪和职务侵占罪的法定最高刑相当，均为无期徒刑。但票据诈骗罪和职务侵占罪的刑档不同，量刑标准差异较大，且罪名不同的情况下行为人在共同犯罪中的作用也有较大差异。这些因素都将直接影响对被告人的宣告刑。因此，律师在辩护时根据所代理被告人的身份，选择合适的辩护策略，将在极大程度上影响被告人的宣告刑。

3. 商业主体与银行内部负有管理、决策权的工作人员（一般为主管副行长、行长）串通，使用“虚假票据”进行“贴现融资”

在银行内部负有管理、决策权的工作人员，如主管副行长、行长，与商业主体共谋实施犯罪时，银行内部自上而下对于该“虚假票据贴现”行为均为“明知”。此时，就排除了诈骗犯罪中被骗人产生“错误认识”的构成要件，难以构成诈骗类犯罪。但银行内部负有管理、决策权的工作人员（主管副行长、行长）“利用职务便利，将本单位财物非法占为己有”，可以构成职务侵占罪，外部商业主体为其职务侵占行为提供帮助。本案即属此种情形。

此时的争议是，在上述情形下，银行内部负责业务发起、流程审批的工作人员的行为是否可罚。笔者认为，虽然客观上上述银行工作人员的行为为犯罪行为的实施提供了帮助，但其行为对犯罪结果的发生影响较小、可替代性较强，且其一般并未直接获取不正当利益，对其苛以职务侵占罪的重刑难免罚不当其罪，因此对其不应以职务侵占罪的共犯论处。

综上所述，银行内部员工与银行外部人员“串通”，使用虚假的票据向银行申请贴现，并实际取得贴现款项的，不能仅因行为人“使用虚假票据”一概而论认定其构成票据诈骗罪，也不能因银行内部员工的参与，而一概认定其构成职务侵占罪。应当区分银行内部员工的职位及其在票据贴现业务中的权限，综合考虑银行内部员工及银行外部人员在共同犯罪中的行为、地位、对犯罪结果发生的作用，准确定性案件。

▷ 相关法律法规 ◁

➢ 《刑法》（2020 年修正，2021 年 3 月 1 日实施）

第一百九十四条　【票据诈骗罪】有下列情形之一，进行金融票据诈骗活动，数额较大的，处五年以下有期徒刑或者拘役，并处二万元以上二十万元以下罚金；数额巨大或者有其他严重情节的，处五年以上十年以下有期徒刑，并处五万元以上五十万元以下罚金；数额特别巨大或者有其他特别严重情节的，处十年以上有期徒刑或者无期徒刑，并处五万元以上五十万元以下罚金或者没收财产：（一）明知是伪造、变造的汇票、本票、支票而使用的；（二）明知是作废的汇票、本票、支票而使用的；（三）冒用他人的汇票、本票、支票的；（四）签发空头支票或者与其预留印鉴不符的支票，骗取财物的；（五）汇票、本票的出票人签发无资金保证的汇票、本票或者在出票时作虚假记载，骗取财物的。

第二百七十一条第一款　【职务侵占罪】公司、企业或者其他单位的工作人员，利用职务上的便利，将本单位财物非法占为己有，数额较大的，处三年以下有期徒刑或者拘役，并处罚金；数额巨大的，处三年以上十年以下有期徒刑，并处罚金；数额特别巨大的，处十年以上有期徒刑或者无期徒刑，并处罚金。

➤ **《中国银行业票据业务规范》**（2011 年发布）

第二十五条　贴现申请人资格审查。除符合监管部门关于持票人申请贴现应具备的条件外，办理贴现的各会员单位还需通过中国人民银行企业征信系统查询贴现申请人的信用状况和贷款卡状态是否正常。各会员单位不应受理贷款卡暂停或不能提供有效贷款卡的申请人的贴现业务申请。

第二十六条　票面审验。各会员单位应对拟贴现的票据原件进行审验，确认票据真实，票面要素齐全，背书连续，签章规范。

第二十七条　票据查询。票据贴现前，各会员单位应向银票承兑行、商票承兑人或其开户行办理票据查询，查询的内容包括但不限于：（一）汇票票面要素是否与底卡联要素相符；（二）他行是否已向承兑行或承兑人办理过查询；（三）有无挂失止付、公示催告或被有关司法机关冻结等。

银票承兑行接到拟贴现会员单位的查询后，应认真核对查询内容并按照“有查必复、复必详尽”的原则回复。商票承兑人开户行应对拟贴现会员单位的商票查询在印鉴核对等方面给予积极配合。

第二十八条　跟单资料审查。各会员单位在贴现环节进行交易背景审查的跟单资料包括但不限于：交易合同、税务发票或能够证明交易确已履行的其他有效凭证。对于贴现申请人提供的交易合同、税务发票等经审查不符合规定或者属于虚假交易资料的贴现业务申请，各会员单位不应受理。

➤ **《最高人民法院刑事审判第二庭关于对银行工作人员违规票据贴现行为如何适用法律问题的函》**（〔2006〕刑二函字第42号，2006年7月5日施行）

根据我国法律规定，票据贴现属于贷款的一种类型。违规票据贴现行为是否构成违法发放贷款罪，应当根据案件事实和刑法规定综合评判加以认定……

《中国银行业[illegible]》（2011年发布）

第二十五条 [illegible]

[illegible]

第二十八条 [illegible]

[illegible]

第二十[illegible]条 [illegible]

[illegible]

第二十八条 [illegible]

[illegible]

《最高人民法院刑事审判第二庭关于[illegible]银行工作人员[illegible]行为如何适用法律问题的复函》（[2005]刑二函字第42号，2005年7月5日施行）

[illegible]

第十讲

集资诈骗罪

[illegible]十[illegible]

[illegible]

案例 17

简析银行工作人员集资诈骗罪

——以“陈某某集资诈骗一案”为例

一、案情简介

2011 年，被告人陈某某因投资土地被骗欠下债务约人民币 4800 万元。为偿还债务，2011 年底至 2013 年 11 月，陈某某作为银行信贷部经理，以购买银行内部理财产品、经营承兑汇票贴现、资金过桥业务的名义，隐瞒其身负巨额债务的真相，以高额利息回报为诱饵，向集资参与人张某峰等 10 多名社会不特定人员非法集资，被告人陈某某除将少部分借款转借给他人赚取利息差外，还将其余集资所得款项用于偿还个人债务、支付借款人高额利息，后因无法支付高额利息，被告人陈某某采用以后笔集资款兑付前笔集资款本息的方式来填补资金缺口，最终因资金无法周转而造成张某峰等 5 名集资参与人损失共计人民币 33, 164, 860. 12 元，其中张某峰损失人民币 7, 113, 687. 6 元、黎某洪损失人民币 11, 999, 347 元、霍某君损失人民币 1, 343, 128 元、林某损失人民币 9, 701, 019 元、方某贞损失人民币 3, 007, 678. 52 元。

广东省 * * 市中级人民法院审理广东省 * * 人民检察院指控原审被告人陈某某犯集资诈骗罪一案，于 2017 年 4 月 21 日作出（2016）粤 06 刑初 19 号刑事判决：被告人陈某某犯集资诈骗罪，判处有期徒刑 15 年，并处罚金人民币 50 万元。宣判后，原审被告人陈某某不服，提出上诉。广东省 * * 市中级人民法院经公开开庭审理，于 2017 年 12 月 11 日作出（2017）粤刑终 809 号刑事裁定，以事实不清、证据不足为由裁定撤销原审判决，发回原审法院重新审理。广东省＊＊市中级人民法院依法另行组成合议庭进行公开开庭审理，于2019年8月16日作出（2018）粤06刑初23号刑事判决。宣判后，原审被告人陈某某仍然不服，提出上诉。广东省＊＊市中级人民法院于2020年7月8日公开开庭审理了本案，作出终审裁定，裁定驳回上诉，维持原判。

二、焦点问题

问题一，陈某某是否通过向社会以公开宣传的方式向不特定对象吸收资金？其行为是否属于民间借贷？

问题二，陈某某是否具有非法占有集资款的主观故意？其行为是否构成集资诈骗罪？

三、案件评析

（一）陈某某是否通过向社会以公开宣传的方式向不特定对象吸收资金？其行为是否属于民间借贷？

1. 陈某某一审辩护人提出：本案的借款对象是特定的，不符合通过向社会以公开宣传的方式向不特定公众吸收资金的构罪要求。

一审人民法院认定：关于陈某某的辩护人提出本案不符合向不特定公众吸收资金的要求的辩护意见。经查，本案集资参与人多数是陈某某在任兴业银行客户经理时认识的客户，或由客户介绍认识的朋友，还有个别是陈某某的高中同学。陈某某主观上并没有特定选择某一类人来借款，而是只要能借到钱周转和弥补资金空缺就借款，多数集资参与人是听陈某某或其他集资参与人说陈某某可以高息借款才陆续借资，因此集资参与人的身份具有不特定性，且涉案的集资参与人也存在向他人吸收资金后再借给陈某某的情况，符合相关司法解释的规定；从公开性来看，虽然被告人陈某某没有通过媒体、推介会等途径向社会公开宣传，但其通过个人要求、他人介绍、口口相传、人传人的方式向客户、同学、朋友及上述人员介绍的其他人员共10多人借款，借款对象范围广、身份杂，陈某某本人也并没有阻止吸收资金的信息向社会扩散，而且放任或推动信息传播，因此陈某某吸收资金的行为具有公开性的特点。

二审辩护人提出：为陈某某提供资金的仅有12人，现认定的有损失的事主也才5人且均是朋友关系，不存在不特定公众（社会性）和社会宣传（公开性）的行为。陈某某的后期行为属于少量的资金调配行为，不存在恶意，且存在介入因素，也并非导致资金链断裂的直接原因。

二审人民法院认定：关于上诉人陈某某是否通过向社会公开宣传的方式向不特定对象吸收资金，或者吸收资金的对象是否为社会公众的问题。经查，在案证据中，陈某某供认本案集资参与人都是其客户、朋友、同学，称其因炒卖地皮被骗欠了巨额债务，就向客户谭某媚等人借钱再转借给李某去作过桥资金，从中赚取利息差来还给亲友；后来亲友追得急，就将借来的部分资金拿去还给亲友，并不断向客户借款、支付高额利息，到后期无法支付本息，就只好再向另外的客户借款用于支付其他客户的本息，借新还旧，最后因拆东墙补西墙，利息越滚越大，完全无力支付本息，才跟客户摊牌说无法支付了，并承诺日后还钱。结合上诉人供述、集资参与人陈述，结合在案其他（借款合同、借据、欠条、转账回单、收支表、银行流水等书证及司法会计鉴定意见等）证据反映，本案集资参与人多数是陈某某在任兴业银行客户经理时认识的客户，或由客户介绍认识的朋友，还有个别是陈某某的同学，这些集资参与人提供资金给陈某某，原因有三：一是有高额回报的吸引，二是因为陈某某在前期能按时给集资参与人支付本息，三是陈某某在银行工作，相信陈某某在作理财产品、资金过桥或承兑汇票贴现业务。从陈某某吸收资金的具体行为来看，陈某某在吸收资金时，对出资人没有选择，而是只要能借就高息借款；虽然没有通过媒体、推介会等途径向社会公开宣传，但其吸收资金的对象不限于他自己的亲友、熟人，不但没有阻止吸收资金的信息向社会扩散，放任或推动信息传播，甚至还要求他人介绍集资对象，通过朋友带朋友、亲戚带亲戚，以口口相传的方式联系、介绍借款人，吸收资金的对象直接指向不特定的社会公众。根据《最高人民法院、最高人民检察院、公安部关于办理非法集资刑事案件适用法律若干问题的意见》（公通字〔2014〕16号）、《最高人民法院关于审理非法集资刑事案件具体应用法律若干问题的解释》（2022修正法释〔2022〕5号）的规定，对陈某某上述吸收资金行为，应当认定为向社会公开宣传吸收资金的信息并非法向社会公众吸收资金。上诉人陈某某及其辩护人所提陈某某的行为属民间借贷行为，不存在向不特定对象吸收资金的行为的意见理据不足，不予采纳。

2. 陈某某属于通过向社会以公开宣传的方式向不特定对象吸收资金，其行为不属于民间借贷。

集资诈骗罪在客观方面表现为行为人必须实施了使用诈骗方法非法集资，数额较大的行为。构成该罪行为人在客观方面必须有非法集资的行为。

集资，是指自然人或者法人为实现某种目的而募集资金或者集中资金的行为。依法进行的集资主要是指，公司、企业或者其他个人、团体依照法律、法规规定的条件和程序通过向社会、公众发行有价证券或者利用融资租赁、联营、合资、企业集资等方式在资金市场上筹集所需的资金。如股份有限公司、有限责任公司为了设立或者生产、经营的需要而发行股票和债券。从当前资金市场的情况看，从事集资活动的主要是企业。

非法集资是指，公司、企业、个人或其他组织未经批准，违反法律、法规，通过不正当的渠道，向社会公众或者集体募集资金的行为。集资仅限于向社会公众募集资金，不包括募集资金以外的财物。集资行为必须面向社会公众，但不要求实际上已经骗取了多数人的资金。

司法实践中，如何判定“非法集资行为”，需综合审查该行为是否具有“非法性”“公开性”“利诱性”“社会性”。

第一，“非法性”，即违反了国家金融管理法律规定，未经有关部门依法批准（非法吸收）或者借用合法经营的形式吸收资金（变相吸收）。

第二，“公开性”，即通过包括但不限于媒体、推介会、传单、手机短信以及抽象的可被冠之以“各种途径”的诸如互联网、标语、横幅、宣传册、讲座、论坛、研讨会等宣传方式主动向社会公众传播吸收资金的信息的行为。

第三，“利诱性”，是指非法集资人向公众承诺将以货币、股权等方式对投资人予以回报。“利诱性”包括“有偿性”和“承诺性”两个方面的内容。“有偿性”意味着集资参与人通过参与集资能够在本金之外获得某种额外的收益，公益性的集资不属于非法集资；“承诺性”意味着集资人在参与人参与集资前或参与过程中，向参与人承诺以某种程度的资本增值或以利息、分红、提成等方式给付其固定或不固定数额的回报。

第四，“社会性”，即向社会公众（社会不特定对象）吸收资金。“社会性”进一步包括了三个层面的内容，即“广泛性”“多数性”“不特定性”。“广泛性”是指集资行为的社会辐射力较强，不受某一特定单位、地域、职业或人群的限制；“多数性”是指集资参与人在数量上呈现规模化，为数众多；“不特定性”则指非法集资的对象不特定，具体又表现为参与人与集资人之间没有联系或者关系以及参与人有可能随时增加两个特点。

本案中陈某某集资的对象具有不特定的特征。例如陈某某主观上没有主动选择某一类人进行借款集资，而是只要能借到钱周转和弥补资金空缺就高息借款，多数集资参与人是听陈某某或其他集资参与人说陈某某可以高息借款才陆续出借资金，因此集资参与人的身份具有不特定性，且涉案的集资参与人还存在向他人吸收资金后再借给陈某某的情况，符合相关司法解释的规定；从公开性来看，虽然陈某某没有通过媒体推介会等途径向社会公开宣传，但其通过个人要求、他人介绍、口口相传、人传人的方式向客户、同学、朋友及上述人员介绍的其他人员共 10 多人借款，借款对象范围广，身份复杂，陈某某本人也没有阻止吸收资金的信息向社会扩散，而且放任或推动信息传播，对于资金出借人具有无差别选择性，任何人出借给陈某某资金，都不违背陈某某的获取资金的意愿，因此陈某某吸收资金的行为具有一定公开性的特点，其行为不属于民间借贷。

（二）陈某某是否具有非法占有集资款的主观故意？其行为是否构成集资诈骗罪？

1. 陈某某一审辩护人提出：被告人陈某某没有使用诈骗方法取得财产，其将所得款项用于经营，是用赚取的利润偿还债务，虽然陈某某抽调了集资参与人的部分资金用于归还个人前期借款，但这属于资金的调配，且是因为借给李某 1 的过桥资金未能收回才导致资金链断裂，陈某某没有非法占有的故意，不构成集资诈骗罪。

一审人民法院认定：关于陈某某的辩护人提出陈某某主观上没有非法占有故意，没有使用诈骗方法取得财产，不构成集资诈骗罪的辩解和辩护意见。经查，根据被告人陈某某的供述，张某 1 等集资参与人的陈述，证人黎某 1、梁某 3、马某 1、吴某 4、吴某 5、祝某 1 等人的证言，涉案银行账户的流水清单及梁某1的刑事判决书等证据，均证实被告人陈某某在投资被骗欠下巨额债务后，隐瞒其拖欠巨额债务的真相，从2011年、2012年起开始以承兑汇票贴现、资金过桥、购买理财产品等为名，以高息回报为饵向不特定的多名集资参与人非法集资，涉案银行账户的流水清单显示在被告人陈某某与李某1有资金往来之前，被告人陈某某已经向涉案部分集资参与人借款，并将所借款项部分用于归还个人欠款，部分偿还其他集资参与人的本息，司法会计鉴定报告也反映出被告人陈某某将集资参与人的大部分款项用于偿还其个人债务和支付借款高额利息，少部分款项用于李某1的资金过桥。被告人陈某某的供述及证人黄某1的证言也证实他们因无法支付借款高额利息而出现资金缺口，只能向另外的人借款，拆东墙补西墙，利息越滚越大就亏损了。故并非如辩护人所称被告人陈某某将所有集资款都用于投资且有高额的利息差用于偿还个人债务。在出现资金缺口的情况下，根据被告人陈某某当时的经济状况，其应当知道最终会出现无法还款的严重后果，仍继续向集资参与人高息借款，并向部分集资参与人提供其丈夫黄某1公司出具的空头支票作为抵押，以借新债还旧债本息的方式维系资金运转，在各借款人向其追收款项时，还编造借款1亿多元给李某2的借口欺骗群众集资参与人，最终致使集资参与人的集资款不能返还。虽然陈某某筹集的资金确有少部分用于资金过桥、票据贴现业务，但作为银行职员的陈某某应当能够预见到这样的运作模式必将造成资金链断裂的严重后果，事实上最终也确实导致集资参与人的集资款不能返还的后果发生。

综上所述，根据本案现有证据，足以认定陈某某对非法集资款主观上有非法占有的故意，客观上实施了隐瞒身负巨额债务并将部分集资款用于偿还债务，采用诈骗方法非法集资的行为，依法应当认定为集资诈骗罪。

二审辩护人提出：借款行为是三方自愿，且事主都是知情款项真实用途的，陈某某从未使用诈骗方法取得借款，不存在违反国家金融法规的违法性。上诉人陈某某将全部借款都用于经营，且所有客户均对用款途径明确知情并同意，该案不具有以非法占有为目的的主观故意，不符合集资诈骗罪的主观构成要件。陈某某只是一个居间介绍人角色，其只是收取利息差用来偿还土地款，是对其自己收入的合理支配，并非控方所说把客户的款项直接用于偿还自己的债务。陈某某不具有集资后不将集资款用于生产经营活动或者用于生产经营与筹集资金规模不成比例的活动和肆意挥霍集资款的情况，不具有明知没有归还能力而大量骗取资金的情况，不存在非法获取资金后逃跑的情况。

二审人民法院认定：关于上诉人陈某某是否具有非法占有集资款的主观故意及其行为性质的认定。法院经审理认为，在案证据证实陈某某因投资被骗欠下巨额债务后，隐瞒其拖欠巨额债务的真相，以承兑汇票贴现、资金过桥、购买理财产品等为名，以高息回报为诱饵向不特定的社会公众吸收资金。陈某某将集资所得款项，部分用于偿还其个人债务和支付借款高额利息，部分款项用于李某的资金过桥。陈某某仅将部分集资款用于李某的资金过桥，该居间业务所产生的利润，根本就无法覆盖全部集资所产生的巨额利息，随着不断向客户吸收资金并支付高额利息，资金缺口因而就越来越大，最终导致集资参与人的集资款不能返还的后果发生，造成集资参与人巨大经济损失。陈某某隐瞒部分资金实际用途抽逃资金，并在资金使用成本过高、资金缺口较大、盈利能力不具有支付全部本息的现实可能的情况下，对资金使用极度不负责任，仍然采用借新还旧、拆东墙补西墙的方式继续向不特定的社会公众吸收资金，最终导致集资款不能返还，陈某某明知没有归还能力而大量骗取资金，依法应当认定其以非法占有为目的骗取集资款，其行为构成集资诈骗罪。上诉人陈某某及其辩护人所提陈某某不具有非法占有的主观故意、不构成集资诈骗犯罪的辩解和辩护意见，不予采纳。

2. 陈某某在本案中具有非法占有集资款的主观故意，其行为构成集资诈骗罪。

该罪名在主观上由故意构成，且以非法占有为目的，即犯罪行为人在主观上具有将非法聚集的资金据为己有的目的。所谓据为己有，既包括将非法募集的资金置于非法集资的个人控制之下，也包括将非法募集的资金置于本单位的控制之下。在通常情况下，这种目的具体表现为将非法募集的资金的所有权转归自己所有或任意挥霍，或占有资金后携款潜逃等。

本案中，陈某某作为银行信贷部经理，利用自身“银行经理”身份，获取大量客户信息，也正是基于此身份获取了被害人的信任。“银行经理”的身份成了陈某某实施集资诈骗的迷惑面具，使得众多被害人深陷其中。陈某某主观上明知最终会出现无法还款付息的严重后果，客观上仍然继续向集资参与人高息借款，以借新债还旧债本息的方式维系资金运转，即以后笔集资款兑付前笔集资款本息的方式向集资参与人张某峰等10多名社会不特定人员非法集资，最终致使集资参与人的集资款不能返还，其行为已经构成集资诈骗罪。虽然陈某某筹集的资金确有少部分用于资金过桥、票据贴现业务，可以赚取一定利差，但并不足以弥补出借资金的高额利息，陈某某应当能够预见这样的运作模式必将造成资金链断裂的严重后果，放任对后来资金出借人无法还款的必然后果，事实上最终却是导致集资参与人的集资款不能返还的后果发生，导致自己构成集资诈骗罪。

四、银行如何防范集资诈骗罪

回归到现实生活，从已经披露的大量案件来看，银行工作人员涉嫌集资诈骗罪的典型案例不在少数，这些案件的频发将银行在人民大众心中的“信任性”直线拉低，银行工作人员若不能坚守岗位抵制诱惑对于银行来说也无异于是毁灭性的打击，为了加强对工作人员的职业道德理念教育和风险意识教育，规范工作人员操作行为，各个银行相继都出台了很多规章制度，比如中国建设银行总行出台了《关于开展工作人员涉及社会融资高风险投资风险排查的通知》《关于组织开展工作人员参与非法集资排查工作的通知》等一系列规章制度。银行出台的规章制度很大程度上防范了集资诈骗的发生，那么为进一步防范集资诈骗的发生，笔者认为银行可以从以下几点进行考虑。

1. 银行工作人员职业操守教育

部分银行为了扩大市场占有率，只顾着追求速度、规模，而忽略了发展的品质与效率。只注重规模、速度而忽视质量和效率的发展方针，势必造成银行工作人员培训工作中出现顾此失彼的情形，部分银行工作人员经受不住诱惑，抱着侥幸心理；不遗余力地以充当资金掮客方式争取客户资源，完成经营考核任务，最终误入歧途。总体来说，目前银行业重业务技能培训，轻职业操守教育现象比较普遍，为防范集资诈骗的发生，应加大对银行工作人员的职业操守教育：

（1）银行内部建立健全的学习制度，可以通过开展专题讲座、简报等形式，采取讲案例、谈危害、现身说法、疏导沟通，组织工作人员学习《银行业工作人员职业操守》等规定的方法，有针对性地开展专项治理、案例剖析、廉政建设主题实践，教育工作人员远离非法高息借贷、融资或集资行为，规范工作人员日常工作中的行为标准和职业操守。在组织银行工作人员学习时尽量多形式、多方法，克服呆板僵化的教育方法，从思想上防止银行工作人员参与非法集资。

（2）对工作人员进行全方位、全覆盖的排查，对特殊重点的信贷、财务等岗位工作人员不仅要考核其上班时间的工作情况，也要关注上班时间外的活动轨迹、生活情况，对银行工作人员消费明显超出合理收入水平、社交圈庞杂等情况，一旦发现苗头性问题要果断处置。必要时，可授权相关部门，对已判定涉嫌参与民间借贷、非法集资工作人员的个人账户资金交易情况进行先期排查，以便尽早掌握情况，及时处置。

2. 严格执行内部制度

（1）杜绝授权不当

银行必须严格控制工作人员的授权，有些银行为了提高经济效率，把本该由上级银行直接履行的贷款调查等职权转授分、支行，甚至有些银行为了确保某些项目的营销，分、支行又给部分银行工作人员个人进一步授予过大的权限，银行工作人员一旦权限过大，银行对其失去控制，其往往会在第三方机构的高额回扣利诱下，利用掌握的客户资金需求信息，擅自通过作过桥贷款、垫资以及其他形式参与民间借贷。

（2）杜绝偏袒优质客户

部分银行为了留住优质客户，对其给予大量优惠政策，有很多基本上是有求必贷，客观上为非法集资、集资诈骗提供了资金渠道，致使银行成为受害人。很多优质客户一旦卷入非法集资，往往会以提供虚假材料的方式向银行申请贷款，而这些偏袒性政策给这些优质客户带来大量的便利条件，很多贷款表面上看流程规范，档案资料完整，但实际上该部分贷款资金经过银企间多次“默契”运作，最终转向投资担保公司出资的资本金，或者直接用于企业间融资。

（3）严格执行账目核对等规定

银行应当重视对金额较大且长期不动或变动较小的客户账户进行核对监控，一旦银行工作人员受第三方蛊惑参与到非法集资，这类账户极容易被个别银行工作人员挪用于参与非法集资，将给银行带来严重经济损失。

（4）严格执行轮岗制度

银行应当严格执行轮岗制度，近年来很多银行因部分基层分支机构负责人及信贷、财会、人事等重要岗位人员应轮岗而未轮岗，而导致相关人员参与的集资诈骗案件日益增多，忽略轮岗制度将对银行形成较大的风险隐患。

3. 开展针对性专项监管

银行需要实时监测经济发达、资源集中开发和金融资源较为匮乏等地区的金融分支机构，充分利用非现场审计手段，对上述地区因经济活跃出现阶段性巨大资金供需情况进行针对性专项监管，以期早发现、早预防、早整治，避免该类区域沦为集资诈骗重灾区。

小结

我国现行的金融体制和金融调控的变化使得我国的信贷规模大幅度下降，从而导致我国民间融资市场迅速发展，但由于相关监管部门的监管缺失，一些不法分子便肆无忌惮地操纵金融市场，导致民间借贷与其最初的宗旨背道而驰，即不断以高额利息来招揽投资者，最终演变为高利贷、违法融资，从而引发大量的诉讼和争议。由于银行工作人员有着特殊的工作优势，并且掌握大量客户的各种资料，熟悉银行运营的弱点，心怀叵测的银行工作人员正是抓住了这些“机会”从事非法活动，将风险转移到了银行身上。在利益的驱使下，大量参与者都会被银行工作人员直接或间接地卷入非法融资之中。

银行是经营风险较大的行业，很多时候，银行工作人员集资诈骗刑事案件的产生往往是银行没有严格强化落实内控机制，工作人员很容易利用银行工作场所的职务便利和一些客户建立起业务关系，而很多客户对银行具有天然的信任，所以很容易被游说，轻信了银行工作人员的推荐，从而进行投资。

事实上，由于体制原因，我国商业银行其操作风险多为内部欺诈或内部人与外部人相互勾结造成的。因此，相比国外银行，我国商业银行在风险的管理上，更应重视对人的管理。很多时候，发生银行工作人员集资诈骗的银行，往往过于注重节省内控成本、强调“业绩激励+充分放权”的经营管理思路，银行内控完全忽视了人的管理而导致的。近年来，银行监管也对银行业务采取了严格监管的态度，此前银保监会还向各银监局和银行下发通知，对银行业金融机构销售专区“双录”实施情况开展专项评估检查，其目的都是防止银行工作人员犯罪给银行带来各种风险损失。

本文旨在通过分析“陈某某集资诈骗罪一案”以及集资诈骗罪的构成要件，剖析提示银行工作人员在不合规工作中存在的风险，针对预防集资诈骗罪对银行提出预防策略，最终希望银行达到“企业合规”“员工合规”的目的。“千里之堤，以蝼蚁之穴溃”，银行重大风险事件的爆发往往都是其从业人员在日常工作中的各种不合规行为的积累。从每位银行员工做起，主动合规，要求员工做到“树立四意识，远离风险事件”，即一是要树立责任意识，应本着对工作负责、对同事负责、对自己负责的原则，认真执行各项规章制度，自觉做到知行合一、言行一致，事后经得起合规检查；二是树立合规办事意识，行成于思而毁于随，要正确把握自己，时刻紧绷合规之弦；三是树立保密意识，树立无小事的原则；四是树立监督意识，养成相互监督的习惯，使自己少犯错、监督别人不犯错误。“企业合规”“员工合规”容不得半点的侥幸心理，任何1%的疏忽都可能带来100%的损失，银行风险事件层出不穷，沉痛的经验告诉我们“十案九违规”。银行是服务行业，也是一个高风险的行业，作为银行工作人员“防范风险”“避免风险”“合规操作”是一个重要而永久的主题。

▷ 相关法律法规 ◁

➢ **《刑法》**（2020年修正，2021年3月1日施行）

第一百九十二条 【集资诈骗罪】以非法占有为目的，使用诈骗方法非法集资，数额较大的，处三年以上七年以下有期徒刑，并处罚金；数额巨大或者有其他严重情节的，处七年以上有期徒刑或者无期徒刑，并处罚金或者没收财产。

单位犯前款罪的，对单位判处罚金，并对其直接负责的主管人员和其他直接责任人员，依照前款的规定处罚。

➢ **《最高人民法院关于审理非法集资刑事案件具体应用法律若干问题的解释》**（2022修正，法释〔2022〕5号，2022年3月1日施行）

第七条 以非法占有为目的，使用诈骗方法实施本解释第二条规定所列行为的，应当依照刑法第一百九十二条的规定，以集资诈骗罪定罪处罚。

使用诈骗方法非法集资，具有下列情形之一的，可以认定为“以非法占有为目的”：（一）集资后不用于生产经营活动或者用于生产经营活动与筹集资金规模明显不成比例，致使集资款不能返还的；（二）肆意挥霍集资款，致使集资款不能返还的；（三）携带集资款逃匿的；（四）将集资款用于违法犯罪活动的；（五）抽逃、转移资金、隐匿财产，逃避返还资金的；（六）隐匿、销毁账目，或者搞假破产、假倒闭，逃避返还资金的；（七）拒不交代资金去向，逃避返还资金的；（八）其他可以认定非法占有目的的情形。

集资诈骗罪中的非法占有目的，应当区分情形进行具体认定。行为人部分非法集资行为具有非法占有目的的，对该部分非法集资行为所涉集资款以集资诈骗罪定罪处罚；非法集资共同犯罪中部分行为人具有非法占有目的，其他行为人没有非法占有集资款的共同故意和行为的，对具有非法占有目的的行为人以集资诈骗罪定罪处罚。

第八条 集资诈骗数额在10万元以上的，应当认定为“数额较大”；数额在100万元以上的，应当认定为“数额巨大”。

集资诈骗数额在50万元以上，同时具有本解释第三条第二款第三项情节的，应当认定为刑法第一百九十二条规定的“其他严重情节”。

集资诈骗的数额以行为人实际骗取的数额计算，在案发前已归还的数额应予扣除。行为人为实施集资诈骗活动而支付的广告费、中介费、手续费、回扣，或者用于行贿、赠与等费用，不予扣除。行为人为实施集资诈骗活动而支付的利息，除本金未归还可予折抵本金以外，应当计入诈骗数额。

➢ **《最高人民法院、最高人民检察院、公安部关于办理非法集资刑事案件若干问题的意见》**（高检会［2019］2号，2019年1月30日施行）

五、关于犯罪数额的认定问题

非法吸收或者变相吸收公众存款构成犯罪，具有下列情形之一的，向亲友或者单位内部人员吸收的资金应当与向不特定对象吸收的资金一并计入犯罪数额：（一）在向亲友或者单位内部人员吸收资金的过程中，明知亲友或者单位内部人员向不特定对象吸收资金而予以放任的；（二）以吸收资金为目的，将社会人员吸收为单位内部人员，并向其吸收资金的；（三）向社会公开宣传，同时向不特定对象、亲友或者单位内部人员吸收资金的。

非法吸收或者变相吸收公众存款的数额，以行为人所吸收的资金全额计算。集资参与人收回本金或者获得回报后又重复投资的数额不予扣除，但可以作为量刑情节酌情考虑。

第十一讲

高利转贷罪

案例 18

高利转贷罪在实务中的认定适用问题

一、案例

某粮库主任L某（另案处理）得知A轧钢厂缺少生产资金急需融资，便找到被告人Y某（与其系同学关系）商议，由Y某出面办理营业执照，利用L某与银行相关人员熟悉的便利条件，通过办理银行承兑汇票后借给A轧钢厂以从中获利。Y某于1997年9月承包了B农垦工贸公司，以该公司名义向银行申请办理银行承兑汇票并转借给A轧钢厂。1997年11月，被告人Y某以C农里工贸公司名义向D银行办理人民币500万元的承兑汇票。在办理该笔承兑汇票时，C农里工贸公司在D银行所设账户内没有存入保证金，也没有向D银行担保。L某、Y某将这500万元银行承兑汇票借给A轧钢厂用于资金周转，从中获利35万元。1999年6月，被告人Y某以B农垦工贸公司名义向E银行营业部办理人民币490万元的承兑汇票。在办理该笔承兑汇票时，B农垦工贸公司在E银行营业部所设账户内存款100万元作为保证金，并由A轧钢厂作为保证人担保，B农垦工贸公司、E银行营业部、A轧钢厂三方共同签订了保证担保借款合同，L某、Y某将这490万元银行承兑汇票借给A轧钢厂用于资金周转，从中获利40万元。

上述两笔银行承兑汇票到期后，本金人民币计990万元均由B农垦工贸公司返还给银行。

Q区人民法院认为，被告人Y某以转贷牟利为目的，套取金融机构信贷资金转贷给他人，违法所得数额巨大，其行为已构成高利转贷罪，应依法惩处。依照《刑法》第175条、第52条、第53条、第64条的规定，判决如下：

（1）被告人Y某犯高利转贷罪，判处有期徒刑4年，并处罚金人民币75万元。

（2）被告人Y某所得赃款人民币325,010.36元，依法予以没收。

一审宣判后，被告人未提起上诉，公诉机关亦未提起抗诉，上诉期满后，判决发生法律效力。

二、焦点问题

1. 在本案中，套取银行资金者与转贷者并不一致，在此场景下对高利转贷行为该如何认定？

2. 对于类似Y某那样，从金融机构套取票据贴现资金等其他资金再进行转贷的行为，该如何认定？

3. 本案中，对于Y某在转贷行为中收取的利差是否构成“高利转贷罪”中的“高利”，应当如何认定？

4. 本案中，Y某的转贷牟利意图是何时产生的，该意图产生的时间节点是否影响对其是否构成犯罪的认定？

5. 本案中，Y某对所申请开具的银行承兑汇票提供了担保，对于认定其构成高利转贷罪有何影响？

6. 倘若Y某的自有资金与其套取的信贷资金存在混同的情形，是否影响认定其构成高利转贷罪？

三、分析

本案涉及的主要焦点法律问题即是高利转贷罪在实务中的认定适用难点问题。笔者将在下文中尝试以“Y某案”的案情及裁判要旨为基础，从“Y某案”焦点问题来论述高利转贷罪在实务中的认定难点及适用问题。

（一）在本案中，套取银行资金者与转贷者并不一致，在此场景下对高利转贷行为该如何认定？

在本案中，向银行申请开具银行承兑汇票的是B农垦工贸公司和C农里工贸公司，而B农垦工贸公司和C农里工贸公司作为出票人，在开具案涉银行承兑汇票后，并未直接将该银行承兑汇票背书转让给实际融资方A轧钢厂，而是先背书转让给Y某控制的其他公司，再背书转让给了A轧钢厂。这种类似的情形，在实践中经常会发生，即从金融机构处贷款的借款人并非是直接将资金转贷给他人的主体（通常情况下借款人与转贷人是关联企业）。这个时候争议点就来了：司法机关在评价行为主体是否构成高利转贷罪时，是否能通过实质性审查来刺穿公司面纱，只需借款人与转贷人存在某种关联，即可认定构成高利转贷罪？民商法语境下的法人人格独立，在刑事司法中是否还有价值？

对于上述问题，现有司法实务中一般会以借款人与转贷人之间能否形成控制力来作为评价标准，从而认定借款人与转贷人构成高利转贷罪的共犯。而笔者亦认为：当出现借款人和转贷人不是同一主体时，需通过实质性审查借款人与转贷人之间的控制力、资金往来记录等信息，综合评价后进行判定。一直以来，刺穿公司面纱，否认法人人格是在民事领域已得到广泛认可与适用的一项制度，但笔者认为，该制度在刑事领域同样能够适用。在单位犯罪的场合，犯罪有一个很突出的特点就是，单位的人格往往被单位成员所滥用。此时，单位的人格就应当被否定。公司“独立人格”是现代公司法的基石，依法设立的公司，其法人独立地位应该得到法律的保护。但如果该独立地位偏离了正常轨道，甚至发展到有人通过“一套人马，若干牌子”的关联公司模式来谋取不当利益时，则法律必须起到使其面临被追究法律责任风险的作用，让其为滥用法人独立人格的行为付出代价。

在本案中，虽然向银行申请开具银行承兑汇票的是B农垦工贸公司和C农里工贸公司，将案涉银行承兑汇票背书转让给A轧钢厂的并非是B农垦工贸公司和C农里工贸公司，而是其他公司，但通过对几家公司的股权结构、表决程序、人员安排、资金往来记录等信息的穿透审查后发现，背书转让案涉银行承兑汇票的公司，与B农垦工贸公司和C农里工贸公司一样，均是受Y某所实际控制。在此场景下，实际上就是Y某滥用了几家公司的法人人格。对这种滥用行为，应当刺穿这几家公司的面纱，否定其法人人格，认定几家公司构成人格混同，进而追究实际控制这几家公司实施犯罪行为的Y某个人的刑事责任。

（二）对于类似Y某那样，从金融机构套取票据贴现资金等其他资金再进行转贷的行为，该如何认定？

在本案中，控辩双方最大的争议就在于“向银行申请票据贴现业务所得资金是否属于银行信贷资金?”而法院最终认定被告人Y某套取银行承兑汇票作为借款标的出借他人用于贴现的行为，属于套取银行信贷资金，构成高利转贷罪。实践中，经常会发生行为人从银行等金融机构套取票据贴现、信用证融资、委托贷款、短期融资券等业务项下的资金进行转贷的行为，对该类行为又该如何认定？从本案的判决结果可见，在现行司法实务中，司法机关对行为人从金融机构套取票据贴现、信用证融资、委托贷款、短期融资券等业务项下的资金进行转贷的行为，亦有可能认定构成高利转贷罪。

笔者亦认为，不能机械地理解《刑法》第175条的规定，而应把握高利转贷行为的本质并结合立法精神加以判定。根据《贷款通则》第7条规定，金融机构的贷款种类分为自营贷款、委托贷款和特定贷款；根据《贷款通则》第9条规定，金融机构的贷款种类分为信用贷款、担保贷款和票据贴现。虽然票据贴现、信用证融资、委托贷款、短期融资券等业务与银行贷款表现形式不同，借贷行为与其他融资行为在法律上也有不同之处，借贷关系与票据关系等在法律上也有不同之处，但承兑汇票、信用证、委托贷款、短期融资券等融资工具均是纳入信贷科目管理的，在银行内部的管理模式和性质上是相同的，银行办理上述业务时使用的资金应当属于银行的信贷资金，上述业务亦均属于银行借出信贷资金的一种表现形式，因此套取票据贴现、信用证融资、委托贷款、短期融资券等业务项下资金然后转贷他人实质上属于套取了银行的信贷资金。

在本案中，被告人Y某以B农垦工贸公司及C农里工贸公司的名义向银行申请办理承兑汇票时，编造了虚假的交易关系、出具了虚假购销合同，采用了欺骗手段，套取银行承兑汇票后，将汇票交给用款人，然后用款人向银行贴现，并从中向用款人收取利差，由此完成了转贷并且非法获得了高利。在整个行为过程中，只是套取银行信贷资金的手段形式不同，其实质就是一种利用承兑汇票贴现方式套取银行信贷资金的行为，符合《刑法》第175条规定的套取金融机构信贷资金的行为特征。所以，刑事领域的司法裁判原则是穿透形式看实质，不能以行为人与银行之间仅具有形式上的票据、信用证、委托贷款、短期融资券等业务关系而否认其实施了套取银行信贷资金的行为实质，应当穿透表象形式来认定Y某的行为构成高利转贷罪。

（三）本案中，对于Y某在转贷行为中收取的利差是否构成“高利转贷罪”中的“高利”，应当如何认定？

在本案中有一个认定难点，即是对于Y某在转贷行为中收取的利差是否构成“高利转贷罪”中的“高利”，应当如何认定？尽管在《刑法》和司法解释中均对“高利”未作规定，但鉴于该罪是以转贷牟利为目的，因此只要转贷的利率高于银行的利率就应当属于“高利”，不必要求转贷利率必须达到一定的倍数。因此，在现行司法实务中，通常认为，只要行为人转贷的利率高于金融机构贷款利率，即构成高利转贷罪中所要求的“高利”，其背后的逻辑如下。

1. 高于金融机构贷款利率即为高利转贷罪所要求的“高利”，符合刑事立法的规定

从立法层面看，《刑法》的罪状表述仅规定了“高利转贷”行为，并没有明确规定高出金融机构贷款利率多少幅度才算“高利”。因此，在司法实践中，通常都以金融机构当时的实际贷款利率为标准，只要高于这一标准进行转贷即视为“高利”的观点，符合法律的规定。

2. 高利转贷罪所要求的“高利”，并不等同于民间“高利贷”的标准

尽管有司法解释对民间“高利贷”的标准作了界定，但是考虑到刑事与民事法律关系的区别，基于各自立法目的不同，不能简单地将高利转贷罪中的“高利”等同于民间借贷中的“高利”。首先，规定民间“高利贷”的标准，是为了维护国家对民间借贷利率方面的管理制度，保护个人资金的安全，而高利转贷罪保护的客体，则是国家对贷款的管理制度和金融机构的资金安全。我国对金融活动实行严格的特许制，即只有经过中国人民银行批准的金融机构才能发放贷款，而这种擅自改变资金用途的行为，侵犯了国家对资金的使用管理制度。其次，民间“高利贷”的放贷者通常并不关心其资金的使用目的，但是银行对贷款的发放都经过非常严格的审批程序，从贷款人使用资金的情况和有关生产经营、财务活动等各方面进行审查，在发放贷款后还

要进行监督。

3. 高于金融机构贷款利率即为高利转贷罪所要求的“高利”，适应司法实践的需要

以“高出金融机构贷款的利息”来认定高利转贷罪的“高利”标准，符合宽严相济刑事政策，可以做到不枉不纵。不论是《刑法》条文还是关于高利转贷罪追诉及量刑的标准，我们都可以看出，对该罪的处罚依据就是违法所得数额的多少，这也是判断该罪社会危害性的重要标准。如果对“高利”的要求规定过严，不利于对部分具有严重社会危害性行为的打击，也会扩大打击面。在司法实践中，有些行为人可能以高于银行贷款利率十几倍甚至几十倍的利率进行转贷，但因转贷额小，其违法所得仅数千元，这种情况属“高利而违法所得较少”；而有些行为人可能以仅高于银行贷款很小的利率转贷他人，但其转贷数额特别巨大，导致违法所得数额巨大，甚至远大于高利转贷罪的量刑起点，这种情况属“低利而违法所得较大”。如果贷款利率较高即认为是“高利转贷”行为，对上述前一种情况就存在扩大打击面的风险，而对后一种具有严重社会危害性的情况则无法定罪，这样的做法明显违背了高利转贷罪设立的立法初衷。此外，在司法实践中，如果将民间“高利贷”的标准作为衡量高利转贷罪的“高利”，那么“高利转贷”这一罪名就会形同虚设。因为在现实的金融活动中，与其付出如此高的贷款利息接受转贷，同时还要冒触犯刑律的风险，借款者不如直接从民间获得借贷，违反民事法律的成本远小于刑事犯罪的成本。

4. 高利转贷罪所要求的“高利”，应当以高于获得金融机构贷款时的实际利率为标准

有观点主张，高利转贷罪中的转贷利率应当高于中国人民银行规定的贷款利率的上限，也就是说只有当行为人违法将信贷资金以高于金融机构贷款利率上限转贷他人时，才能认定构成高利转贷罪。笔者认为，此观点值得商榷。高利转贷中的“高利”，应当是与行为人获得贷款时的实际银行利率相比较而言较高，而不应当设置必须同时高于金融机构贷款利率上限这一客观条件。

首先，《商业银行法》中对商业银行贷款利率上限的规定，是针对金融

机构发放贷款时的利率浮动标准作出的限制性规定，其所针对的对象不是贷款人，而是商业银行等金融机构。我国对金融活动实行严格的特许制，即只有经过中国人民银行批准的金融机构才能发放贷款，所有法律包括刑法都是禁止贷款人任意将贷款转贷他人的，不论其设定的利率是否达到并超过利率上限。

其次，如果设置必须高于贷款利率上限这一标准，则很可能会放纵犯罪。部分贷款人基于自身的条件，可能会申请到利率非常低甚至是无息贷款。这时候其只需要增加较小的利率，在不超过利率上限的情况下，就可能获得巨大的转贷利润，远远超过高利转贷罪对违法所得数额的起刑点规定。这样的行为，完全符合《刑法》对高利转贷罪的规定，同样应当追究刑事责任。

（四）本案中，Y某的转贷牟利意图是何时产生的，该意图产生的时间节点是否影响对其是否构成犯罪的认定？

在本案中，检察院和法院在对被告人Y某转贷牟利意图是何时产生的时间节点认定上，都采取简单略过的认定方式，并没有在判决中加以论证。但在实践中，经常会发生借款人在向银行等金融机构申请贷款的时候，并非是想借此套取资金进行转贷，而是本想用于正当经营用途，但后来因种种原因导致原本的经营计划被搁置，因此借款人为避免将资金闲置造成成本浪费而将贷款所得资金转贷他人。现在的问题是，在上述场景下，该转贷行为是否能构成高利转贷罪？

笔者认为，行为人转贷牟利意图产生的时间节点，将直接影响其是否能够入罪，故在类案的审理中，控辩审三方都不应忽略该问题，而应将该问题作为案件审理的焦点问题加以重点评价。根据主客观相一致的刑事责任原则，要认定行为人构成高利转贷罪，司法机关务必证明行为人在向银行等金融机构申请贷款时就具有套取资金转贷牟利的意图，否则不能认定其构成高利转贷罪。根据《刑法》第175条规定，高利转贷罪是以转贷牟利为目的，套取金融机构信贷资金高利转贷他人，违法所得数额较大的行为。从法条规定来看，该罪的入罪条件需要行为人在套取金融机构信贷资金的同时即已具有转贷牟利的目的，即高利转贷的犯意在申请贷款时已经产生。按照行为与责任相统一的原则，只有两者同时具备才构成高利转贷罪。如果在申请贷款时没有转贷牟利的目的，仅仅在获得金融机构信贷资金后改变资金用途，按照罪刑法定的刑法基本原则，则不构成任何犯罪。如果仅以行为人客观上存在转贷获利的行为就认定其构成高利转贷罪，而忽略其在申请贷款时是否具有转贷牟利的主观犯意，则容易掉入客观归罪这一错误刑事司法理念中去，也与我国现有的刑事司法原则相悖。

那么，关于行为人在向银行等金融机构申请贷款时是否具有套取资金转贷牟利的意图，又该如何证明呢？通常来说，司法机关在认定“转贷牟利目的”时，从证据的角度看，有犯罪嫌疑人供述、证人证言、银行贷款到账时间、银行贷款转给他人时间、贷款利率等证据材料，证据之间要形成完整的证据链。概括来说，一般会参考以下两点来对行为人在申请贷款时的主观目的进行推定评判：

（1）申请贷款时所陈述的贷款用途是否虚假。一般来说，如果行为人在向金融机构申请贷款时就具有转贷牟利意图，那么其向金融机构申请贷款时所陈述的贷款用途，提供的贷款用途资料等必然为虚假。如果能证明这一点，则可以推定行为人在向金融机构申请贷款时就具有转贷牟利意图。

（2）转贷牟利意图的形成时间。一般来说，行为人转贷牟利意图的形成时间，应当在其套取金融机构信贷资金（申请贷款）之前，且一贯延续到从金融机构套取信贷资金之后。实务中司法机关会根据行为人在从金融机构取得贷款前后的言行、表现，以及相关人员的证词等证据材料，来综合评判行为人是否在向金融机构申请贷款前即已具备转贷牟利的意图。

（五）在本案中，Y 某对所申请开具的银行承兑汇票提供了担保，对于认定其构成高利转贷罪有何影响？

在本案中有一个细节，即被告人 Y 某以 C 农里工贸公司名义办理承兑汇票时，C 农里工贸公司并没有在银行账户内存入保证金，也没有向银行提供担保；而在被告人以 B 农垦工贸公司名义办理承兑汇票时，B 农垦工贸公司在银行账户内存入 100 万元作为保证金，并由 A 轧钢厂作为保证人担保。而在本案的最终判决中，法院并未对这两种情形加以区别对待。那么，对于行为人套取的银行资金是属于信用贷款项下资金还是有担保的贷款项下资金，究竟是否应当加以区分，分别评价呢？而被告人将提供了全额担保的贷款所得资金进行转贷牟利的行为，又是否影响对其犯罪构成的认定呢？笔者认为，应当从以下两个方面来进行评价认定。

1. 从“套取”行为定义的角度来看不同担保方式下所得的贷款资金对犯罪构成的影响

何为“套取”？在现有司法实务中，往往将“套取”的定义直接等同于“骗取”。我们注意到，《刑法》在规定了175条的“高利转贷罪”后，又在其后面增加了第175条之一的“骗取贷款罪”。笔者认为，骗取贷款中的“骗取”应该做广义理解，任何带欺诈性质的都可以认定为“骗取”，但在高利转贷罪中的“套取”更多的应该专指资金用途，且按照张明楷教授的观点，并不一定要求有“骗”的成分，[1] 只要行为人在申请贷款时的真实用途与其向银行承诺的用途不一致，即可认定构成“套取”银行信贷资金。

在民事领域的司法审判标准：在信用贷款的领域，金融机构发放贷款的核心识别点是贷款用途是否真实；在担保贷款的领域，金融机构发放贷款的核心识别点是担保是否真实且足额。在信用贷款的领域，司法机关主要通过考量行为人向金融机构申请贷款的用途是否真实来评判是否构成高利转贷；在担保贷款领域，司法机关主要通过考量行为人提供的担保是否真实且足额来评判是否构成高利转贷。

在刑事领域的司法审判标准：无论在信用贷款领域还是在担保贷款领域，只要行为人以虚假的贷款理由或者贷款条件，向金融机构隐瞒其欲将贷款用于转贷牟利的真实用途，以虚假用途向金融机构申请贷款，然后实际上亦并非将贷款用于从金融机构贷款时承诺或约定的用途，而是以高利非法转贷他人的，皆可认定构成“套取”银行信贷资金，从而构成高利转贷罪。

2. 从法益保护的角度来看不同担保方式下所得的贷款资金对犯罪构成的影响

何为“信贷资金”？是否包括担保贷款？笔者认为，担保贷款亦属于高利转贷罪的犯罪对象。高利转贷罪所要保护的法益是国家金融秩序，只要利

---

① 参见张明楷：《刑法学》（第6版），法律出版社2021年版，第992页。

用银行资金进行转贷牟利即有可能扰乱国家金融秩序，造成法益侵害。且在实际操作中，企业的信用贷款所占比例是非常小的，若设立该罪仅用来保证信用贷款这部分资金安全的话，则其保护的法益范围可能太过狭窄，从而违背立法本意。

根据《全国法院民商事审判工作会议纪要》第 52 条规定，民间借贷中，出借人的资金必须是自有资金。出借人套取金融机构信贷资金又高利转贷给借款人的民间借贷行为，既增加了融资成本，又扰乱了信贷秩序，根据《最高人民法院关于审理民间借贷适用法律若干问题的规定》（2015 年修正）第 14 条第 1 项的规定，应当认定此类民间借贷行为无效。人民法院在适用该条规定时，应当注意把握以下几点：一是要审查出借人的资金来源。借款人能够举证证明在签订借款合同时出借人尚欠银行贷款未还的，一般可以推定为出借人套取信贷资金，但出借人能够举反证予以推翻的除外。二是从宽认定“高利”转贷行为的标准，只要出借人通过转贷行为牟利的，就可以认定为是“高利”转贷行为。三是对该条规定的“借款人事先知道或者应当知道的”要件，不宜把握过苛。实践中，只要出借人在签订借款合同时存在尚欠银行贷款未还事实的，一般可以认为满足了该条规定的“借款人事先知道或者应当知道”这一要件。从该条的内容可以看出，最高人民法院意在降低导致民间借贷无效的高利转贷行为的认定标准，已经明确贷款不局限于信用贷款，且可以视为忽视第三个要件，即借款人事先知道或应当知道高利转贷的事实，但对转贷牟利的要件没有放松。2020 年第二次修改后的《最高人民法院关于审理民间借贷案件适用法律若干问题的规定》亦在第 13 条第 1 项规定了：“具有下列情形之一的，人民法院应当认定民间借贷合同无效：（一）套取金融机构贷款转贷的……”这样的表述事实上是在《全国法院民商事审判工作会议纪要》的基础上，进一步明确且降低了高利转贷的民间借贷合同无效的标准，不再要求放款人套取的是金融机构信贷资金，抵押/质押贷款应当同样适用。在民事领域已认定了套取担保贷款项下资金构成高利转贷，那么根据法秩序统一的原则，在刑事领域亦应当采取同样的认定标准。事实上，《最高人民法院〈关于办理非法放贷刑事案件若干问题的意见〉的理解与适用》第 6 条亦规定了行为人为从事非法放贷活动，套取金融机构“资金”进行转贷，构成犯罪的，应当择一重罪处罚，这里的“资金”，既包括信用贷款，也包括担保贷款及其他贷款种类项下的资金。

综上，笔者认为，无论行为人从银行套取的是信用贷款资金还是担保贷款资金进行转借的行为，均应构成高利转贷罪。在本案中，被告人Y某无论以B农垦工贸公司名义通过信用方式开具的承兑汇票，还是以C农里工贸公司名义通过担保方式开具的承兑汇票，进行转贷的行为，都构成高利转贷罪，两笔转贷行为所涉及的全部资金，都属于高利转贷罪的涉案资金。

（六）倘若Y某的自有资金与其套取的信贷资金存在混同的情形，是否影响认定其构成高利转贷罪？

在本案中，由于Y某及其控制的公司套取并转贷的是银行承兑汇票，故在对其自有资金与信贷资金甄别方面，就非常清晰了。但倘若Y某的自有资金与其套取的信贷资金存在混同的情形，其出借他人的资金，到底系其自有资金还是其向金融机构借得的信贷资金，实际已经很难区分。在此场景下，又到底应该如何认定呢？这个问题，在实务中业已成为高利转贷案件的认定难点之一。

《全国法院民商事审判工作会议纪要》第52条规定“……人民法院在适用该条规定时，应当注意把握以下几点：一是要审查出借人的资金来源。借款人能够举证证明在签订借款合同时出借人尚欠银行贷款未还的，一般可以推定为出借人套取信贷资金，但出借人能够举反证予以推翻的除外……”，从该条规定可以看到，在民商事审判中，法院只需审查出借人在向他人提供借款时本身是否尚欠银行贷款未还，如果是，则可推定其对外放贷所用资金为银行信贷资金而非自有资金。但从民事审判的相关类案来看，若出借人提供足够的能证明银行贷款实际用途的证据，便能够推翻上述推定，从而使得出借人高利转贷的事实不能成立。例如，出借人与银行之间存在资金封闭管理协议，出借人可通过提供支用资金的申请材料、银行审批材料等证据，证明出借资金并非来自银行贷款。又如，出借人从银行贷款是为了购买原材料，则只要其能够提供提款申请书、银行流水、真实有效的买卖合同、付款凭证等证据，便足以抗辩借款人关于高利转贷的主张。

在刑事司法实践中，相较于民事司法，控方的举证更需达到排除一切合理怀疑的程度方能对被告人定罪科刑。如果被告人对外放贷所用资金系其自有资金还是从金融机构套取的信贷资金存在疑点的话，基于疑点利益归于被告人的原则，就不能对其进行定罪科刑。四川曾经有一个高利转贷罪的不起诉案例，就是因为被告人的自有资金和贷款资金的具体流向无法查明，在此情况下检察机关作出存疑不诉的决定。当然，此案因其判决并未上网公示，且同时存在其他的出罪情节，故并不具有典型性和普遍参考适用价值。此外，最高人民法院对此亦有不同观点，认为在控方已提供证据证明被告人存在套取银行信贷资金进行转贷的行为，而被告人又无法证明其将自有资金和信贷资金进行了严格的区分、管理、使用的情况下，即有可能被认定构成高利转贷罪。因为无论行为人是先将自有资金高利转贷他人牟取非法利益，而后套取金融机构信贷资金弥补自身资金不足，还是套取金融机构信贷资金后将该笔资金注入流动资金或者其他用途，而将自有资金抽出高利转贷他人的行为，都是在其以转贷牟利为目的的主观意志支配下实施的规避法律、打时间差的行为，其实质与套取信贷资金后直接高利转贷他人的性质并无差异，且更具有隐蔽性和欺骗性。而对于这种明显具有社会危害性的行为，不予以严厉打击显系有失公平。因此，在类案司法实务中，即便转贷行为人用以转贷牟利的资金中，存在自有资金与套取银行信贷资金混同的情形，亦不影响认定其构成高利转贷罪的实质。

▷ 相关法律法规 ◁

➢ **《刑法》**（中华人民共和国主席令第66号，2021年3月1日起实施，历经14次修订）

第一百七十五条 以转贷牟利为目的，套取金融机构信贷资金高利转贷他人，违法所得数额较大的，处三年以下有期徒刑或者拘役，并处违法所得一倍以上五倍以下罚金；数额巨大的，处三年以上七年以下有期徒刑，并处违法所得一倍以上五倍以下罚金。单位犯前款罪的，对单位判处罚金，并对其直接负责的主管人员和其他直接责任人员，处三年以下有期徒刑或者拘役。

第三十条　公司、企业、事业单位、机关、团体实施的危害社会的行为，法律规定为单位犯罪的，应当负刑事责任。

第三十一条　单位犯罪的，对单位判处罚金，并对其直接负责的主管人员和其他直接责任人员判处刑罚。本法分则和其他法律另有规定的，依照规定。

➤ **《商业银行法》**（中华人民共和国主席令第34号，2015年10月1日起实施，历经2003、2015年2次修正）

第三十五条　商业银行贷款，应当对借款人的借款用途、偿还能力、还款方式等情况进行严格审查……

第三十六条　商业银行贷款，借款人应当提供担保。商业银行应当对保证人的偿还能力，抵押物、质物的权属和价值以及实现抵押权、质权的可行性进行严格审查。经商业银行审查、评估，确认借款人资信良好，确能偿还贷款的，可以不提供担保。

第四十条　商业银行不得向关系人发放信用贷款；向关系人发放担保贷款的条件不得优于其他借款人同类贷款的条件。

前款所称关系人是指：（一）商业银行的董事、监事、管理人员、信贷业务人员及其近亲属；（二）前项所列人员投资或者担任高级管理职务的公司、企业和其他经济组织。

➤ **《贷款通则》**（中国人民银行令〔1996年2号〕，1996年8月1日起实施）

第十九条　借款人的义务：……二、应当接受贷款人对其使用信贷资金情况和有关生产经营、财务活动的监督；三、应当按借款合同约定用途使用贷款……五、将债务全部或部分转让给第三人的，应当取得贷款人的同意……

第二十条　对借款人的限制：……六、不得套取贷款用于借贷牟取非法收入……

➢ **《最高人民检察院、公安部关于公安机关管辖的刑事案件立案追诉标准的规定（二）》**（公通字〔2022〕12号，自2022年5月15日起施行）

第二十一条 以转贷牟利为目的，套取金融机构信贷资金高利转贷他人，违法所得数额在五十万元以上的，应予立案追诉。

➢ **《最高人民法院关于审理单位犯罪案件具体应用法律有关问题的解释》**（法释〔1999〕十四号，自1999年7月3日起施行）

第二条 个人为进行违法犯罪活动而设立的公司、企业、事业单位实施犯罪的，或者公司、企业、事业单位设立后，以实施犯罪为主要活动的，不以单位犯罪论处。

第十二讲

侵犯公民个人信息罪

案例 19

银行工作人员侵犯公民个人信息罪案例分析

一、基本案情

被告人谭某某、吴某某、饶某某均系银行工作人员，2017 年 3 月份，谭某某的微信好友付某某（另案处理）欲向其购买征信信息，谭某某便找到其大学校友吴某某，吴某某找到其负责个贷业务的同事饶某某，三人建立一个微信群，谭某某将付某某提供的签字授权书等文件照片发至群里，由饶某某查询后发送给谭某某，吴某某、饶某某按条数收取报酬。2017 年 8 月份饶某某退出，后由吴某某亲自查询后发送给谭某某，谭某某将从吴某某、饶某某处购买的征信信息出售给付某某，从中获利，直至 2017 年 11 月份吴某某退出。

2017 年 4 月份，被告人谭某某与北京某信息咨询有限公司员工刘某（不起诉）成为微信好友，谭某某将从付某某等人手中购买的银行客户人脸识别信息出售给刘某，并从中获利。

经查证，被告人谭某某侵犯公民征信信息 325 条、人脸识别信息 523 条，被告人吴某某侵犯公民征信信息 234 条，被告人饶某某侵犯公民征信信息 193 条。

二审法院裁定：谭某某、吴某某、饶某某违反国家有关规定，非法获取、出售公民个人信息，情节严重，其行为均已构成侵犯公民个人信息罪。

二、主要问题

（1）本案中的公民征信信息属于什么类型的信息？

（2）本案中的人脸识别信息属于《刑法》上的哪类信息，入罪标准是什么？

（3）不同类型信息的入罪差异是什么？

（4）谭某某等人获取的公民个人信息，是否属于“违反国家有关规定，在履行职责或者提供服务过程中获得的公民个人信息”并适用从重处罚？

（5）饶某某查询公民个人信息时有付某某提供的被查询人授权委托书，能否构成无罪的抗辩事由？

（6）银行在与信息咨询公司等第三方机构合作时，对于公民个人信息的刑事风险防范应当注意什么？

三、法律分析

（一）本案中的公民征信信息属于什么类型的信息？

根据《个人信用信息基础数据库管理暂行办法》（中国人民银行令〔2005〕第3号）之规定，由中国人民银行设立征信服务中心，承担个人信用数据库的日常运行和管理以及个人信用信息基础数据库的设立。该办法对于个人信用信息，个人基本信息、个人信贷交易信息以及反映个人信用状况的其他信息分别作出了定性规定。个人基本信息是指自然人身份识别信息、职业和居住地址等信息；个人信贷交易信息是指商业银行提供的自然人在个人贷款、贷记卡、准贷记卡、担保等信用活动中形成的交易记录；反映个人信用状况的其他信息是指除信贷交易信息之外的反映个人信用状况的相关信息。

根据2017年《最高人民法院、最高人民检察院关于办理侵犯公民个人信息刑事案件适用法律若干问题的解释》第5条之规定，非法获取、出售或者提供行踪轨迹信息、通信内容、征信信息、财产信息50条以上即构成“情节严重”，500条以上构成“情节特别严重”。

由此，“征信信息”作为专门被司法解释所列举的四项重大敏感信息之一，一旦达到50条的标准，即被认定为“情节严重”，达到入罪的标准。

此外，2017年5月10日最高人民法院、最高人民检察院发布了7起侵犯公民个人信息犯罪典型案例。其中第二个典型案例就是某农村商业银行征信查询员和某农村商业银行工作人员，通过非法查询征信信息出售他人牟利。法院认定被告人违反国家有关规定，非法获取公民个人信息出售牟利，情节严重，其行为构成侵犯公民个人信息罪。

在本案中，根据二审法院的认定，谭某某等人侵犯公民征信信息325条，已经达到《刑法》第253条之一“情节严重”的认定标准，因尚未达到“情节特别严重”的标准，不适用3年以上7年以下有期徒刑。

据此，从相关规定和司法解释的角度来看，公民征信信息记录了公民的基本信息、信贷信息、公共信息等信用行为，因此法律对于征信信息的保护是十分严苛的。而银行作为专门的金融机构，在为客户提供金融服务的过程中，对于征信信息的获取有着特殊的便利。因此应当重视对于公民征信信息的保护，不得违背客户意愿非法查询征信信息，更不得出售或者提供给他人，从而触碰到刑事法律的禁区。

（二）本案中的人脸识别信息属于《刑法》上的哪类信息，入罪标准是什么？

人脸识别信息在理论上属于生物识别信息的一种。由于近年来生物识别技术的兴起，如指纹识别、声纹识别、人脸识别等技术被广泛应用于各个领域上，其中在银行互联网金融业务中尤为突出，本案中谭某某买卖人脸识别信息的行为在行业中并不罕见。

在2017年施行的《网络安全法》、2021年施行的《民法典》以及2021年施行的《最高人民法院关于审理使用人脸识别技术处理个人信息相关民事案件适用法律若干问题的规定》均提及了生物识别信息。但在刑事司法领域，《最高人民法院、最高人民检察院关于办理侵犯公民个人信息刑事案件适用法律若干问题的解释》中并未特别将生物识别信息纳入需要被特别保护的“第一类”或“第二类”个人信息中，也未将生物识别信息予以明确的定位。因此以目前的司法解释来看，在刑法意义上，只能将生物识别信息归位于“第三类”公民个人信息，以“5000条”作为入罪门槛。

2022年12月2日最高人民检察院发布的5件侵犯公民个人信息犯罪典型案例中的案例二就是关于生物识别信息的，但也并未将其纳入特殊的信息保护类别，仅指出“人脸信息是具有不可更改性和唯一性的生物识别信息。人脸识别技术给生活带来便利的同时，也容易被犯罪分子窃取利用或者制作合成，破解人脸识别验证程序，侵害隐私、名誉和财产”。

但值得注意的是，现行侵犯公民个人信息罪的司法解释是在《网络安全法》《民法典》《个人信息保护法》颁布之前就已施行的，因此在目前的理论和实践之中均有学者和司法人员指出应当将侵犯公民生物识别信息的行为予以更严格的规制。

在银行业数字化不断发展的今天，生物识别信息逐渐成为互联网金融服务的必备信息要素。人们通过手机端App即可办理各项网上银行业务，以人脸识别作为识别用户身份的技术逐渐成为主流，这也就意味着大量的人脸数据信息会被收集和使用。因此，银行内部应做到严防生物识别信息泄露，保护公民的个人信息。

（三）不同类型信息的入罪差异是什么？

从司法解释的角度来看，公民个人信息主要分为三类：

第一类信息：行踪轨迹信息、通信内容、征信信息、财产信息；

第二类信息：住宿信息、通信记录、健康生理信息、交易信息等其他可能影响人身、财产安全的公民个人信息；

第三类信息：前两类信息之外的公民个人信息。

《最高人民法院、最高人民检察院关于办理侵犯公民个人信息刑事案件适用法律若干问题的解释》中对于三类不同类型信息规定的入罪门槛并不相同。对于第一类信息，认定“情节严重”的标准是“50条以上”；对于第二类信息，认定“情节严重”的标准是“500条以上”；对于第三类信息，认定“情节严重”的标准是“5000条以上”。

不难看出，《最高人民法院、最高人民检察院关于办理侵犯公民个人信息刑事案件适用法律若干问题的解释》对于三类信息设置不同的入罪门槛，是为了将信息的重要程度加以区分。因此，在刑事案件中，对于信息类型的辨识尤为重要，是个案罪与非罪、量刑幅度的重要依据。

由于《最高人民法院、最高人民检察院关于办理侵犯公民个人信息刑事案件适用法律若干问题的解释》仅仅规定了财产信息、轨迹信息、交易信息等信息入罪的不同数量标准，并没有进一步明确各类信息之间的概念界限。在司法实践中往往存在难以区分，类型认定存在分歧的情形。

以财产信息为例，由于《最高人民法院、最高人民检察院关于办理侵犯公民个人信息刑事案件适用法律若干问题的解释》中并未明确对“财产信息”进行明确的界定，近年来的许多案件中对于第一类的“财产信息”和第二类的“交易信息”出现争议。

举例而言，当一条信息的内容为“A公民于某年某月某日，通过x银行账户向B公民y银行账户转账100万元”。这条信息所反映出来的内容有：（1）A公民和B公民之间有金钱往来。（2）金钱往来款项为100万元，（3）A公民银行账户在某年某月某日转出100万元，（4）B公民银行账户在某年某月某日转入100万元。（5）A公民有x银行账户。（6）B公民有y银行账户。

这样一条转账记录，至少涵盖了以上6条信息，其中不仅包括了转账及转账数额等信息，还包含了B公民账户内有100万元的信息，那么这是属于财产信息还是交易信息？

笔者认为，由于《最高人民法院、最高人民检察院关于办理侵犯公民个人信息刑事案件适用法律若干问题的解释》所规定的第一类重大敏感信息入罪门槛较低、且明示列举了四类情形，对于财产信息的认定应当采取限缩解释，不宜将仅包含具体财产数额的信息认定为“财产信息”，而应当判断这一信息所包含的内容能否反映某公民的财产状况。

在上述信息中，虽然涵盖了“B公民y银行账户内有100万元”这一信息，但这一信息不足以直接、准确地表明B公民y银行账户内的存款状况和相应财产情况。因此不能认为这样一条转账信息具有“财产信息”的属性。但是如果拥有一整个信息组，其内容为“B公民y银行账户内所有资金往来及账户内余额的变动情况”，那么这样的信息组则足以反应B公民在某一段时间内的财产状况，这样的信息就可以被认定为财产信息。

由上可见，实践中的一条信息中可能包含刑法上多种不同类别的公民个人信息。在入罪时亦会采取“就高”原则予以规制，这就要求银行等机构在个人信息的保护时应当充分审查，进行分类、分级管理。

（四）谭某某等人获取的公民个人信息，是否属于“违反国家有关规定，在履行职责或者提供服务过程中获得的公民个人信息”并适用从重处罚？

《刑法》第253条之一第2款规定，违反国家有关规定，将在履行职责或者提供服务过程中获得的公民个人信息，出售或者提供给他人的，依照前款的规定从重处罚。

同时，《最高人民法院、最高人民检察院关于办理侵犯公民个人信息刑事案件适用法律若干问题的解释》规定，行为人将在履行职责或者提供服务过程中获得的公民个人信息出售或者提供给他人，数量或者数额达到一般标准的一半以上，即构成犯罪。从前述规定可以看出，对于在履行职责或者提供服务过程中获得的公民个人信息，从法律角度将给予更严格的保护和惩罚。

在本案中，谭某某等人都是银行工作人员，因此饶某某在提供金融服务过程中所获取的公民个人信息属于《刑法》所规定的违反国家有关规定，在履行职责或者提供服务过程中获得的公民个人信息。因此本案中谭某某等人未经公民本人同意向他人提供并出售公民个人信息，符合第2款的规定，不仅降低了信息条数的入罪门槛，而且适用从重处罚的规定。

但是，这一类型在实践中存在特殊情形，关键在于银行工作人员获取的公民个人信息，是否属于在提供金融服务过程中获取的。

举例来说，若银行工作人员A利用职务上的便利，窃取了银行工作人员B在提供金融服务过程中获取的若干公民个人信息后，向他人出售或者提供。在这一情形中，虽然银行工作人员A获取了银行客户的个人信息，但这些公民个人信息并非是A在履行职责或者提供服务的过程中获取的，而是利用职务便利，采用非法手段获取的公民个人信息。

根据《刑法》253条第3款之规定，窃取或者以其他方法非法获取公民个人信息的，依照第1款的规定处罚。因此，在这一案例中，银行工作人员A不再适用《刑法》253条第2款从重处罚的规定，而应当适用第3款的规定按照一般情节来认定具体的信息条数和入罪门槛。

据此，在刑事案件中，不能仅因为被告人的职务身份或者工作权限，就直接适用《刑法》第 253 条第 2 款从重处罚的规定，而应当从信息获取的方式和途径进行实质审查，避免处罚过重。

（五）饶某某查询公民个人信息时有付某某提供的被查询人授权委托书，能否构成无罪的抗辩事由？

本案中，被告人付某某提出其查询的征信信息都经过了被查询人的授权，并提供了授权委托书，因此认为自己无罪。在实践中，银行工作人员在履行职责或者提供服务过程中获取的公民个人信息，是否取得客户的授权，是认定罪与非罪的关键。

根据 2018 年最高人民检察院印发的《检察机关办理侵犯公民个人信息案件指引》的规定，行为人在履行职责、提供服务过程中，违反国家有关规定，未经他人同意收集公民个人信息或者收集与提供的服务无关的公民个人信息的，同样属于非法获取公民个人信息的行为。

据此，银行工作人员在未经客户允许的情况下收集与提供的服务无关的公民个人信息，应认定符合《刑法》第 253 条第 3 款之中的“其他方法非法”，构成侵犯公民个人信息罪。

根据《个人信用信息基础数据库管理暂行办法》（中国人民银行令〔2005〕第 3 号）第 12 条之规定，商业银行办理下列业务，可以向个人信用数据库查询个人信用报告：（1）审核个人贷款申请的；（2）审核个人贷记卡、准贷记卡申请的；（3）审核个人作为担保人的；（4）对已发放的个人信贷进行贷后风险管理的；（5）受理法人或其他组织的贷款申请或其作为担保人，需要查询其法定代表人及出资人信用状况的。

第 13 条之规定，除该办法第 12 条第 4 项规定之外，商业银行查询个人信用报告时应当取得被查询人的书面授权。书面授权可以通过在贷款、贷记卡、准贷记卡以及担保申请书中增加相应条款取得。

本案中，辩护人作出了如下辩护意见：“本案部分征信信息有被查询人的授权委托书，根据《征信业管理条例》等规定，当事人有权查询自己的征信信息，故应将上诉人吴某某提供的有授权委托书的征信信息予以扣除。”

法院回应如下：“吴某某为牟取非法利益，违反《征信业管理条例》及单位规章制度规定，非法查询并向他人提供公民征信信息，情节严重，其行为构成侵犯公民个人信息罪。上述上诉理由及辩护意见，本院不予采纳。“

从法院的回应中，我们可以看出即使拥有被查询人的授权委托书，也不是银行工作人员构成无罪的抗辩事由。

但在本案中，法院认定被告人构成犯罪的事由并不仅是非法“查询”公民征信信息的行为，而是向他人“提供”公民征信信息的行为。辩护人提出的辩护意见是针对银行工作人员吴某某获取公民个人信息的合法性进行辩护的，但法院虽未对获取公民个人信息的行为予以回应，但其认定结果是吴某某非法查询公民征信信息，并非法向他人提供公民征信信息，构成侵犯公民个人信息罪。

实际上，谭某某等人在本案中实施了两个行为，一个是获取公民个人信息，另一个是向他人出售公民个人信息。信息主体授权查询个人征信信息的委托书仅能够证明被告人获取个人信息的行为是合法的，而无法回应出售个人信息的行为。

因此从结论来说，银行工作人员查询公民个人信息时有被查询人的授权委托书，仅能够证明获取公民个人信息的方式是合法的，并不足以作为全案无罪的抗辩事由。

在司法实践中，“存在信息主体的授权”常常作为抗辩理由出现。根据《个人信息保护法》第 13 条之规定，个人信息处理者除法律规定的 7 项特殊情形外，处理个人信息应当取得个人同意。第 14 条规定，基于个人同意处理个人信息的，该同意应当由个人在充分知情的前提下自愿、明确作出。法律、行政法规规定处理个人信息应当取得个人单独同意或者书面同意的，从其规定。个人信息的处理目的、处理方式和处理的个人信息种类发生变更的，应当重新取得个人同意。

第 17 条之规定，个人信息处理者在处理个人信息前，应当以显著方式、清晰易懂的语言真实、准确、完整地向个人告知下列事项：（1）个人信息处理者的名称或者姓名和联系方式；（2）个人信息的处理目的、处理方式，处理的个人信息种类、保存期限；（3）个人行使该法规定权利的方式和程序；

（4）法律、行政法规规定应当告知的其他事项。

第23条之规定，个人信息处理者向其他个人信息处理者提供其处理的个人信息的，应当向个人告知接收方的名称或者姓名、联系方式、处理目的、处理方式和个人信息的种类，并取得个人的单独同意。接收方应当在上述处理目的、处理方式和个人信息的种类等范围内处理个人信息。接收方变更原先的处理目的、处理方式的，应当依照该法规定重新取得个人同意。

据此，信息主体的知情授权是必不可少的，这是合法获取公民个人信息的前提。此外还要注意的是，在具体的案件中，对于信息主体的授权范围以及授权的对象，根据前述法律规定，银行在使用、提供、公开等方式处理公民个人信息时，是否按照法律规定获得了授权，相关操作行为是否在信息主体的授权范围之内。

根据《最高人民法院、最高人民检察院关于办理侵犯公民个人信息刑事案件适用法律若干问题的解释》规定，未经被收集者同意，将合法收集的公民个人信息向他人提供的，属于《刑法》第253条之一规定的“提供公民个人信息”。

综上几点，客户书面授权并不是“免死金牌”，银行获得客户信息授权时，应当注意信息的授权使用范围，不得违规、违法约定使用信息。银行在收集、处理个人信息时，应当从两个方面注意个人信息保护，从而规避刑事风险。第一是收集公民个人信息时必须要有信息主体的授权。如果在没有信息主体的授权下获取公民个人信息，则属于“非法获取”公民个人信息，构成犯罪。第二是银行只能在信息主体的授权范围内对信息进行处理。如若未经同意，将合法获取的公民个人信息在授权范围之外进行处理，如提供给他人、违法公开等，则属于违法“提供公民个人信息”，同样构成犯罪。

（六）银行在与信息咨询公司等第三方机构合作时，对于公民个人信息的刑事风险防范应当注意哪些问题？

银行在数字化转型的过程中，在吸储、放贷、理财等业务场景中均需要与信息咨询公司等第三方机构合作，其中涉及数据和信息方面的合作较为常见，以下几点应当在业务合作中加以重视。

1. 银行合法获取的公民个人信息，不得随意提供给第三方机构

如前所述，银行通过自身业务合法收集的公民个人信息，在未经客户的允许以及明确授权时，不得出售或者提供给第三方机构。一旦有此行为则适用《刑法》第25条第2款从重处罚的规定，入罪门槛同样相比第1款减少一半。

如果在业务中存在信息交互的需求，那么可以从两个方面处理。其一是充分告知银行客户，书面明确授权及授权范围，不得超范围处理个人信息。其二是通过技术手段，对相关的个人信息进行去标识化处理。经过处理的信息，要求无法识别到特定个人，且无法通过技术手段予以复原。

2. 银行不得从第三方机构购买、交换公民个人信息

实践中，常见银行信贷员通过第三方渠道购买公民个人信息的行为。2022年12月2日最高人民检察院发布的5件依法惩治侵犯公民个人信息犯罪典型案例中，案例一就出现了涉嫌犯罪的第三方机构将公民征信信息以每条30元至150元的价格出售给银行信贷员的行为。

虽然在案例中并未提及对于银行信贷员的认定和处理方式，但根据《刑法》第25条第3款之规定，窃取或者以其他方法非法获取公民个人信息的，即构成犯罪。

根据2018年最高人民检察院印发的《检察机关办理侵犯公民个人信息案件指引》的规定，对于“其他方法”，是指“窃取”以外，与窃取行为具有同等危害性的方法。其中该指引指出，购买公民个人信息是最常见的非法获取手段，机构的业务员之间互相交换各自掌握的客户信息，同样属于非法获取的行为。

因此，银行在与第三方机构合作的过程中，要注意不得通过购买、交换等途径非法获取公民个人信息，这同样属于犯罪行为。

3. 银行应当严格审查第三方机构有无非法获取、收集信息的行为，银行不得使用非法收集、提供的公民个人信息，杜绝刑事风险

如前所述，一旦第三方机构收集、提供公民个人信息的行为，涉嫌构成侵犯公民个人信息罪，那么银行从这样的第三方机构获取公民个人信息，从刑事风险的角度来看，则有可能涉嫌共同犯罪的风险。

实践中还要注意，第三方机构常通过“网络爬虫”的技术手段“爬取”互联网上公民的个人信息，再提供给银行等金融机构。对于公民已公开信息的收集和处理，在理论和实践中尚有争议。司法实践中有判例认定，即使是在互联网上已公开的个人信息，如果随意获取、出售或者提供给他人，仍构成本罪。

上海市第一中级人民法院二审判决书（2018）沪01刑终1184号中关于公开信息的认定如下：“公民的个人信息受法律保护，互联网上出现的公民个人信息，无论是被动公开，还是主动公开，同样受到法律保护，不得随意获取、出售或者提供，通过信息网络发布公民个人信息的，应当认定为《刑法》第二百五十三条之一规定的“提供公民个人信息”，窃取或者以其他方法非法获取公民个人信息的，依照《刑法》第二百五十三条之一第一款的规定处罚。”

河南省夏邑县人民法院一审刑事判决书（2018）豫1426刑初324号关于公开信息的认定如下：“公民个人信息依法受法律保护，即便公民个人自愿公示于众，他人也不得擅自出售、出租。”

由于目前还未有相关的司法解释对这点予以明确，银行在业务工作中应当谨慎使用和处理已公开的个人信息。同时，对于第三方机构提供的公民个人信息，银行应当严格审查该公民个人信息的获取是否合法、合规，并得到了信息主体的充分授权，避免成为第三方机构的“帮凶”。

小结

在数字化转型趋势下，近年传统商业银行的业务不断向互联网转移，而金融科技的迅猛发展也推动银行收集、使用个人信息的方式发生了重大变化。与此同时，公民个人信息被不当收集、滥用和泄露的风险日益突出。

在银行开展业务过程中，应当尤为重视保护银行客户的个人信息安全。银行不得在客户明示许可的范围之外，非法查询客户征信信息、财产信息等个人信息，也不得将非法获取以及在业务过程中合法获取的个人信息随意出售或者提供给他人。

同时，银行在与第三方机构合作时，不得非法购买、收受公民个人信息。在办理业务过程中应当着重审查第三方机构提供的公民个人信息是否合法获取并取得信息主体的充分授权，从而规避刑事风险的发生。

▷ 相关法律法规 ◁

➢ **《刑法》**（2020 年修正，2021 年 3 月 1 日施行）

第二百五十三条之一 【侵犯公民个人信息罪】违反国家有关规定，向他人出售或者提供公民个人信息，情节严重的，处三年以下有期徒刑或者拘役，并处或者单处罚金；情节特别严重的，处三年以上七年以下有期徒刑，并处罚金。

违反国家有关规定，将在履行职责或者提供服务过程中获得的公民个人信息，出售或者提供给他人的，依照前款的规定从重处罚。

窃取或者以其他方法非法获取公民个人信息的，依照第一款的规定处罚。

单位犯前三款罪的，对单位判处罚金，并对其直接负责的主管人员和其他直接责任人员，依照各该款的规定处罚。

➢ **《最高人民法院、最高人民检察院关于办理侵犯公民个人信息刑事案件适用法律若干问题的解释》**（法释〔2017〕10 号，2017 年 6 月 1 日施行）

第一条 刑法第二百五十三条之一规定的“公民个人信息”，是指以电子或者其他方式记录的能够单独或者与其他信息结合识别特定自然人身份或者反映特定自然人活动情况的各种信息，包括姓名、身份证件号码、通信通讯联系方式、住址、账号密码、财产状况、行踪轨迹等。

第二条 违反法律、行政法规、部门规章有关公民个人信息保护的规定的，应当认定为刑法第二百五十三条之一规定的“违反国家有关规定”。

第三条 向特定人提供公民个人信息，以及通过信息网络或者其他途径发布公民个人信息的，应当认定为刑法第二百五十三条之一规定的“提供公民个人信息”。

未经被收集者同意，将合法收集的公民个人信息向他人提供的，属于刑法第二百五十三条之一规定的“提供公民个人信息”，但是经过处理无法识别特定个人且不能复原的除外。

第四条　违反国家有关规定，通过购买、收受、交换等方式获取公民个人信息，或者在履行职责、提供服务过程中收集公民个人信息的，属于刑法第二百五十三条之一第三款规定的“以其他方法非法获取公民个人信息”。